フレンチシェフの引き算レシピ

時間・材料・手間、
省くからおいしい60品

LA BONNE TABLE
中村和成

世界文化社

はじめに

フレンチのテクニックで毎日の料理を
もっと自由に楽しく、そしておいしく

　僕がシェフを務めている「LA BONNE TABLE（ラ・ボンヌ・ターブル）」で、お客様に料理を提供するときに一番大切にしているのは、素材本来の味や香りをさらに輝かせることです。そのために必要なのは、ブイヨンやいろいろな調味料を加えて仕上げる「足し算」ではなく、あくまでもシンプルな調理法と味つけで仕上げる「引き算」だと思っています。

　ただ、「引き算」といっても、決して楽をすることが目的ではありません。食材に向き合い、素材本来の味を信じて余計なことはしない。切り方や加熱の方法を変えて調理にかかる時間や手間を引く。食材に無駄な時間を使わないことで、料理を最速で仕上げられると同時に、もっとおいしくできるということをこの本を通してお伝えできたらと思います。

　ぜひ、この本のレシピで、フランス料理が意外と簡単に、家でもおいしく作れるということを実感していただけたらうれしいです。

LA BONNE TABLE　中村和成

2	はじめに
6	**素材の味が輝く引き算の法則**
10	この本の使い方
110	おわりに

第**1**章

日常の食事から休日のごちそうまで
最速フレンチ

12	**王道のフレンチを 最速で格上げする**
14	ラタトゥイユ
18	ベーコンとチーズのキッシュ
20	シュークルート
21	ウフマヨネーズ
22	オニオングラタンスープ
24	ジンジャーポトフ
26	ブイヤベース
28	クリームシチュー
30	ローストビーフ
32	赤えびのラビオリ アメリケーヌソース
34	じゃがいものグラタン
35	カスレ
36	レバーパテ
37	タルトフランベ
38	フォンダンショコラ

コラム

| 40 | **ちょっとだけ残った食材で①**
まぐろの刺身がちょっとだけある
自家製ツナとニース風サラダ |
| 42 | 調理道具こそ、本物を |

第**2**章

野菜ひとつで主役級
前菜のレシピ

| 44 | **旬の野菜が持つポテンシャルを
最大限に引き出す** |

春 **PRINTEMPS**

46	ヴィシソワーズ／ポテトサラダ
47	ポムリヨネーズ／ポムフリット
50	アスパラガスのオランデーズソース
52	菜の花のブランシール
53	たけのこのエスカベッシュ

夏 **ÉTÉ**

54	トマトとすいかのガスパチョ
55	トマトのファルシ ライスサラダ
58	ズッキーニのサラダ ギリシャ風 パプリカの丸ごとロースト
60	とうもろこしのスープ
61	なすのキャビア風

TABLE DES MATIÈRES

秋 **AUTOMNE**

62　きのこのマリネ
63　マッシュルームのスープ
66　キャロットラペ
　　キャロットヴィッシー
68　ごぼうのキャラメリゼ
69　里いものチーズフリット

冬 **HIVER**

70　白菜のステーキ
72　ロールキャベツ
74　かぶのスープ
　　カリフラワーのロースト
75　長ねぎのヴィネグレット
　　ブロッコリーのエチュベ

コラム

78　**ちょっとだけ残った食材で②**
　　マッシュルームがちょっとだけある
　　マッシュルームのオープンサンドイッチ
80　柑橘の皮の可能性

第 **3** 章

肉・魚をおいしくする
主菜のレシピ

82　**肉・魚の特徴を見極めて**
　　絶妙な仕上がりの火入れをする
84　ビーフステーキ
85　チキンステーキ マッシュルームソース
　　ポークステーキ きゅうりと梅しそのソース
88　鶏むね肉のステーキ ブロッコリーのソース
90　ステックアッシェ ポムピュレ
92　サーモンムニエル レモンバターソース
94　真鯛のポワレ デュグレレソース
96　鶏肉の白ワイン煮込み

番外

フレンチシェフが作る抜群においしい
パスタ、ごはん
98　白いボロネーゼ
100　明太子スパゲッティ
101　ナポリタン
102　きのこリゾット
104　シーフードカレー
105　すき焼き丼
106　魯肉飯（ルーローハン）

コラム

108　**ちょっとだけ残った食材で③**
　　鶏皮がちょっとだけある
　　鶏皮の中華和えとあっさりチキンスープ

素材の味が輝く
引き算の法則

食材本来のおいしさを引き出すために、覚えておきたい「引き算」の法則をご紹介します。時間・材料・手間を省くからこそ、おいしく仕上がる調理法です。

1 時間を引く

無駄な時間を食材に使わない

食材は調理を始めた瞬間から、言ってしまえば劣化が始まっているのです。新鮮な食材を調理するなら、最短時間で仕上げたほうが絶対にいい。レストランでも最速を意識した調理を心がけています。食材本来の味にこそ輝きがあるというのが、僕の基本理論です。例えば、肉にしても、焼く時間が長いほど食材にかかるエネルギーが大きくなり、肉本来のおいしさが失われやすい。トータルの加熱時間が2時間の料理と、15分の料理を比較すると、肉本来の水分量や香りがどれだけ残るかという点で大きな差がつくのです。

材料選びから時短調理は始まっている

旨みがすぐ出る食材を選ぶことで、短い煮込み時間でも深い味わいを出せます。はまぐりなどの貝類は、口が開いた瞬間にだしが出るので、最速で旨みを出したいときに便利な食材。酸味があるトマトや風味のあるにんにく、セロリ、ワインを加えれば、簡単にこなれた味に。

ゴールを見据えて
切り方をデザインする

切り方によって加熱にかかる時間が決まります。どう切れば、最短の加熱時間でそれぞれの野菜の特徴が生きる仕上がりになるのか、「切るときから加熱は始まっている」という意識で、切り方をデザインすることが最速につながるのです。切るということにもっと目を向けて丁寧にやってみてほしいです。

時間を引くための切り方

玉ねぎは繊維を断ち切る方向に切ることで、水分が出て早く火が通る。最速で作りたいときは、こちらの切り方で。

必ずしも、時間をかけて煮込めばおいしくなるわけじゃない
「蓋をして蒸し焼き」で最速

ラタトゥイユのように玉ねぎ、なす、パプリカ、ズッキーニなど、数種類の野菜を蒸し焼きにして、その野菜から引き出した水分を循環させることで、旨みをギュッと凝縮しつつ野菜に火を通します。ラタトゥイユは本来は1時間以上かかる煮込み料理。これを蒸し焼きにすることで、一切煮込まずに20分で作ることができます。

2 材料を引く

材料を最小限にすることで自分の好みにカスタマイズできる

材料が最小限だからこそ、味わえるおいしさがあります。野菜ひとつでも、素材の持ち味を最大限に引き出す調理法を選び、洋服を着せ替えするように調味料やソースをカスタマイズすると、料理の自由度が高くなる。いろいろ試してみると面白いですよ。

使う水は最小限。食材の水分を生かす

スープ以外は、無駄な水分を入れないように心がけています。塩をふって蒸し焼きにすることで、素材が持っている水分を引き出します。例えば、蒸し焼きにした白菜から出た水分は白菜の味がする、ある意味、調味料。それをわざわざ薄める必要はないと思っています。

旨みは足しすぎないことで食材の持ち味が前面に出る

旨み調味料や市販のブイヨンなどを使って、足し算することでおいしさを表現しがちですが、一番大切なのは、必要以上に旨みをつけないこと。例えば、かぶのスープのように皮を煮てだしをとることで、香りや旨みなど食材の持ち味が前面に出ます。

3 手間を引く

正しいと思い込んでいる
料理の手順を見直す

例えば、ロールキャベツ。キャベツは破いてはいけない、きれいに包まなくてはいけないと思い込んでいると、余計な手間がかかってしまう。自分が正しいと思っている料理の手順を見直してみると手間を省けます。肉だねを小さくすれば、キャベツが破れても問題ありません。

手間をかけないことでよりおいしく

料理は手間をかけた分だけおいしくなるわけではありません。例えば、明太子スパゲッティ。温めた器にバターをのせて、ゆでたスパゲッティと明太子をのせれば完成。食べるときに混ぜればほどよい塩梅になります。

見た目をととのえて手抜きに見せない

「長ねぎのヴィネグレット」が手抜き料理というわけではないのですが、長ねぎをゆでて切り、調味料をかけるだけの料理が、なぜお店で出てくるような一品になるのか？ それは、長さが揃うように切り、調味料を丁寧にかけているから。手間をかけなくても、食べる人のことを考えて盛りつける。それだけで仕上がりが違います。

この本の使い方

レシピの決まりごと

- 野菜類は特に記載のない場合、皮をむくなどの下処理を済ませてからの手順を説明しています。材料のグラム数は、正味量（皮などをむいて実際に使う量）です。個数とグラム数を併記している場合がありますが、個体差がありますので、個数は目安です。
- ソースを作る場合など、デジタルはかりを使って分量を正確にはかると、味が決まりやすくなります。
- 小さじ1＝5㎖、大さじ1＝15㎖です。適宜は、好みで必要があれば入れることを示します。
- 塩は天然塩を使っています。調理には「白いダイヤ（新潟）」、仕上げにかける場合は「マルドン シーソルト（イギリス）」がおすすめです。
- 植物油は好みのものをお使いください。太白ごま油がおすすめです。
- コンテチーズはくせのないフレッシュなタイプを使っています。
- レシピで使用しているハーブはイタリアンパセリが多いですが、パセリやバジル、青じそ、魚料理ならディルなど、好みのものを使ってください。
- ゆでるときの水や湯、塩水、差し水は分量外です。
- 火加減は、特に表示のない場合、中火です。
- オーブンやオーブントースターは、機種によって差がありますので、様子を見て加熱時間や温度を調整してください。

調理動画について

- 第1章はレシピのYouTube動画を見られるQRコードを掲載しています。一部、本書の内容と異なる部分がありますが、調理のより詳しいポイントやコツをご紹介しています。ぜひご覧ください。

第 **1** 章

日常の食事から
休日のごちそうまで
最速フレンチ

料理は、必ずしも時間をかければおいしくなるわ
けではありません。素材にダメージを与えず、持
ち味を生かす調理法をご紹介します。素材を生
かした結果、最速で料理が仕上がります。

王道のフレンチを最速で格上げする

第1章では、王道のフレンチメニューを中心に、日常の食事から休日のごちそうまで幅広いメニューを最速でおいしく仕上げるレシピをご紹介します。

ゴールから逆算して最速に

おいしく最速で作るために、何を引いたり、替えたりしたらいいのか、目標を意識することが大切です。例えば、シュークルートは材料を替え、発酵キャベツを作らないで仕上げる。ローストビーフはかたまり肉の代わりにステーキ肉を使い、切り方を工夫してローストビーフらしく仕上げる。これまでの常識にとらわれず、自由な発想で楽しむのが、最速への近道です。

だしの出やすい食材を組み合わせる

わざわざ旨み調味料や市販のブイヨンを使わなくても、だしの出やすい食材を組み合わせて料理することで、ブイヨンを使ったような味の深みが出せます。例えば、鶏手羽先とソーセージ、ベーコンの組み合わせ。鶏のスープのほかに、最初から燻製香がついているソーセージとベーコンを一緒に煮込むことで、グッと濃い旨みのだしがとれます。

野菜は蒸し焼きで時短に

蓋をすることで、素材の水分が水蒸気となって鍋全体を循環するので、早く火が通ります。例えば、オニオングラタンスープは、玉ねぎをあめ色になるまで炒め続ける作り方が一般的ですが、蓋をして加熱することで、炒める時間を短くできる。茶色く香ばしく色づくように、炒める→蒸すを繰り返す。そのとき気をつけてほしいのが、焦がさないようにするための水分量。蓋についた水分を鍋に戻し、鍋底に水分が足りないようだったら差し水をしてください。

切る順番と火入れの順番を意識する

最速で料理を作るには、火の通りにくいものから順番に切って火にかけていくという方法があります。聞くと難しいと感じるかもしれませんが、みそ汁の作り方を思い出せば、意外と簡単なことです。火の通りにくい食材から煮ていき、仕上がりのタイミングを合わせることで、料理をきちんと格上げできます。

缶詰やパイシートなども上手く利用する

乾燥した豆を使うには、戻すのに一晩、ゆでるのに2時間くらいかかるけれど、豆の水煮缶を利用すれば、煮込み時間も短縮できるし、缶汁も一緒に加えることでこなれた味になります。また、生地に冷凍パイシートを利用すれば、手間がグンと省けるし、サクサク食感を手軽に楽しめます。

動画でわかる！

CUISINE FRANÇAISE LA PLUS RAPIDE　最速フレンチ

煮込まない、20分で野菜の味を輝かせる
ラタトゥイユ

多めの水分で煮込むと味が薄くなってしまいがちだけど、
僕のレシピは野菜の水分だけで蒸し焼きにします。もう、野菜の味しかしない。
この料理が作れるようになれば、どんな料理でもおいしく作れる。
料理のテクニックが詰まった、簡単だけど奥深い料理です。

材料　2人分

ズッキーニ … 1本
なす … 2本
パプリカ（赤）… 1/2個
パプリカ（黄）… 1/2個
ミニトマト … 10個
玉ねぎ … 1/2個
にんにく（つぶす）… 2かけ分
塩 … 3つまみ
EVオリーブオイル … 大さじ3

作り方

1　ズッキーニ、なす、パプリカは乱切りにする。ミニトマトは半分に切る a（→P16）。玉ねぎは芯を取り、内側と外側に分けて同じ大きさのくし形切りにする b（→P16）。

2　鍋にオリーブオイル、にんにくを熱し、香りが立ったらミニトマト以外の1を入れる。塩2つまみをふって混ぜ合わせる。全体に油が回ったらミニトマトをのせて塩ひとつまみをふる c（→P17）。蓋をして弱めの中火で8〜10分ほど蒸し焼きにする。2分おきによくかき混ぜる d（→P17）。

3　野菜がしんなりしたら火を止め、水大さじ1（分量外）を加えて混ぜ合わせる e f（→P17）。油と水が乳化したら火から下ろす。

15

ラタトゥイユには料理のテクニックが

野菜は切り方で味わいが変わる

火の通りを考えて、切る大きさを変える

パプリカは大きめに乱切りすることで、嚙みしめたときにジューシーさを味わえる。ミニトマトは煮たときに形が残るように、細かくしすぎない。なすは鉛筆を削るようにヘタを切ると無駄がない。

玉ねぎはバラしてから切ると大きさが揃う

玉ねぎは層になった球体なので、半分に切ってそのまま端から切ると、大きさに差が出る。芯を取り、バラバラにしてから切って大きさを揃える。火が通りやすく煮崩れしやすいので、大きめに切るとよい。取った芯も捨てずに使う。

「形を残すべき野菜」と「溶かすべき野菜」

料理には「形を残すべき野菜」と「溶かすべき野菜」の2つの役割があると考えています。ラタトゥイユを例にあげると、ズッキーニとなす、パプリカは乱切りにしていますが、これは、ボリューム感を出しながら、それぞれの野菜に均等に火が入るようにするためです。だから、加熱しても崩れずに形が残り、嚙みしめたときに野菜のジューシーさや食感、香りが最大限に味わえるのです。

一方で、ミニトマトに関しては果肉を少し溶かしてソースにします。ただ、小さく切りすぎると全体に混ざってしまい、ソースがトマト味になってしまう。だからミニトマトは、エキスだけを出すために半分に切るというように、切り方をデザインしています。料理の仕上がりを見据えて「野菜は切っているときから加熱が始まっている」ことを意識すると、野菜の持ち味や香りが一段と輝く味わいになります。

中村切りと呼びたい 玉ねぎの乱切り

芯をつけたまま切り口を上にして包丁の向きを変えながら乱切りにする。大きさを揃えながら、長さを短く調節できる、薄切りとは違う切り方で、本書のレシピでも登場します。

詰まっている

蒸し焼きにして、野菜の旨みを引き出す

塩をふるタイミングでおいしさは決まる

塩は味をつけるためだけではない。ラタトゥイユのような料理は、蒸し焼きにする前に塩をふり、素材の水分を引き出し、旨みを凝縮させる。肉や魚の下処理でふる塩も同様。塩の役割を意識することで、仕上がりが格段においしくなる。

最後に水分調整をする

食材の水分だけで蒸し焼きにする場合、仕上げの水分調整が一番大切になる。旨みがついた鍋底に少しだけ水を足す（差し水）。

蓋をするのが最大の時短ポイント

少量の水分と油で蒸し焼き・蒸し煮にする調理法「エチュベ」。蓋をして蒸すことで、野菜本来の甘みや旨みを引き出すと同時に、野菜から出た水分が水蒸気となって鍋の中を循環し、早く火が通る。蓋を開けたときに、蓋についた水分も鍋に戻す。

デグラッセで旨みたっぷりのソースに

デグラッセは、鍋底についた茶色く香ばしいキャラメル状の旨みを水やワインを加えて溶かし出す調理法。こそげ取るようにしながら油と水を乳化させ、油っぽくない、なめらかなソースに仕上げる。本書でも何度か登場するテクニックなので覚えておいてほしい。鍋底の旨みまで余さず料理にまとわせることで、味と香りがグッと引き立つ。

型いらず、簡単に作れておもてなしにもなる
ベーコンとチーズのキッシュ

動画でわかる！

キッシュっていうと型を使うとか、作るのがすごく大変なイメージがありますが、このレシピなら、パイシート1枚を、それだけで器にしてしまいます。浅い器だから高温で一気に卵液を焼き上げられて、ボソボソにならない。最速で、確実においしく作れます。

材料 21cm×21cmのパイシート1枚分

冷凍パイシート … 1枚
A
　生クリーム … 100mℓ
　溶き卵 … 2個分
　塩 … ひとつまみ
　黒こしょう … 少々
ベーコン … 30g
好みのチーズ（コンテ、グリュイエール、ピザ用など溶けるタイプ）… 30g

下準備
・冷凍パイシートは解凍する。
・オーブンは250℃に予熱する。

作り方

1. パイシートは四方を1〜2cmくらい内側に折り曲げ、高さをつける **a**。250℃のオーブンで焼き色がつくまで10分焼く。

2. ボウルに**A**を入れてよく混ぜる。チーズは小さく切ってボウルに入れる。ベーコンも小さく切ってフライパンで香ばしく焼き、出た脂ごと入れる。

3. 包丁の先で**1**の膨らんだ部分を切り取る **b**。**2**を入れる **c**。250℃のオーブンで焼き色がつくまで10分焼き、そのまま5分ほど余熱で火を入れる。

POINT DE CUISINE

a
四方を折って焼くだけで型が完成
冷凍パイシートに厚みがある場合、3mm厚さに伸ばして使う。

b
パイは好きなだけ膨らませてよい
ぷくっと膨らんだ部分を切って除き、残りをキッシュ型として使う。

c
具は均等に型に流し込む
流し込んだあと、スプーンなどでととのえるとよい。

CUISINE FRANÇAISE LA PLUS RAPIDE　最速フレンチ

材料	2人分

鶏手羽先…2本
ソーセージ…大2本
ベーコン（ブロック）
　…100g
キャベツ
　…1/2個（600g）
じゃがいも（メークイン）
　…大2個
玉ねぎ…1/2個
塩…2つまみ

A｜水…1000mℓ
　｜塩…5g
B｜白ワイン…200mℓ
　｜白ワインビネガー
　｜　…20mℓ
　｜スパイス（ローリエ、
　｜あればクミンや
　｜ジュニパーベリー
　｜など）…適量

作り方

1 鍋にAを入れて沸かし、手羽先、じゃがいも（半分に切る）を入れ、弱火で20分ほどゆでる。

2 キャベツは太めのせん切りにする。玉ねぎは薄切りにする。ボウルに入れ、塩2つまみをふり、揉み込み、しんなりとさせる。

3 1の鍋に、ソーセージとベーコン（大きめに切る）を加え、さらに5分ほど煮る a 。

4 別の鍋に2を水分ごと入れ、3のスープと手羽先、Bを加える b 。煮立ったら蓋をして弱火で20分ほど煮込む。3の残りの具（じゃがいも、ソーセージ、ベーコン）を加えて熱々にする。好みでEVオリーブオイル、黒こしょう、マスタード（すべて分量外）を添えると、よりおいしい。

発酵させないキャベツと最速でとれる万能だしで
シュークルート

動画でわかる！

シュークルートは、本来はキャベツを発酵させて作るのだけど、このレシピのように白ワインビネガーと白ワイン、スパイスで手軽に本物の味に近づけることができます。
鶏手羽先、ソーセージ、ベーコンでとるだしも
キャベツのフレッシュなおいしさにぴったりです。

POINT DE CUISINE

a
手羽先と加工肉で万能だし
ゼラチン質が多い手羽先からはよいだしが出る。加工肉は最後に短時間煮込むと燻製香が加わり、深い味わいに。

b
小さなひと手間で仕上がりに差が
キャベツは別の鍋で煮ると、じゃがいもが煮崩れたり、加工肉の味が抜けたりすることもない。

10分で作れる、究極のゆで卵
ウフマヨネーズ

動画でわかる！

CUISINE FRANÇAISE LA PLUS RAPIDE　最速フレンチ

卵を水からゆでると、黄身がボロボロになってしまうので注意してください。
マヨネーズソースは、卵をゆでている間に作れます。
甘いマヨネーズが好きなら白ワインビネガーを白バルサミコ酢に替えたり、
ごま油をオリーブオイルとにんにくに替えると、また違った味わいを楽しめます。

材料　1人分

卵 … 1個

マヨネーズ
> 卵黄 … 1個分
> 白ワインビネガー … 小さじ1/2
> 塩 … ひとつまみ
> 太白ごま油 … 50㎖
> マスタード … 小さじ1

塩 … 適量
黒こしょう（粗びき。あれば粒をつぶして使う）… 適量

作り方

1. 卵は沸騰した湯に入れ、ふつふつと沸くくらいの弱火にして6分半ゆで、氷水で冷やす。殻をむき、水けをきって器に盛る。
2. マヨネーズを作る。ボウルに卵黄、白ワインビネガー、塩を混ぜ、太白ごま油を少しずつ混ぜて乳化させる 。仕上げにマスタードを加えて混ぜる。
3. ゆで卵の全面に塩を薄く満遍なくふり、2をかけ、黒こしょうをのせる。

POINT DE CUISINE

a
油は少しずつ混ぜるのが成功の秘訣
油は少しずつ加えて混ぜ、白っぽくなるまでしっかり混ぜて乳化させると、とろっとした仕上がりになる。

21

20分で10時間煮込んだようなおいしさ
オニオングラタンスープ

「しっかり蓋をする」ことが、この料理の最大のポイント。
玉ねぎに早く火を通して、中の水分をどんどん絞ることが必要なのです。
日焼けマシンで表面的な焼き色をつけるというより、水抜きのイメージ。
自分が思うより強火で作ってみて。強火で焦がすことが許される料理です。

材料　2〜3人分

- 玉ねぎ … 3個（500g）
- ウインナーソーセージ … 5本
- バター … 40g
- 塩 … 2つまみ
- **A** ｜ バター（常温に戻す）… 20g
　　　｜ 薄力粉 … 20g
- バゲット（スライス）… 6切れ
- にんにく … 1/2かけ
- 水 … 650㎖
- コンテチーズ（またはピザ用チーズ）… 20g
- 黒こしょう … 適量

作り方

1. 玉ねぎは半分に切り、繊維を断つ方向に薄切りにする **a**。ソーセージは縦半分に切る。

2. 鍋にバターを熱し、玉ねぎを加えて強火にし、塩をふって炒める。玉ねぎがしんなりしたら蓋をして中火にし、2分ほど蒸し焼きにする **b**。鍋底が茶色く香ばしく色づいたら差し水をして旨みをこそげ取り、再び蓋をする。玉ねぎがあめ色になるまで繰り返す。

3. 2で玉ねぎを蒸し焼きにしている間に、ボウルに **A** を入れてなめらかになるまで混ぜる。バゲットをオーブントースターで焼き色がつくまで3分ほど焼く。にんにくの切り口を表面にこすりつける。

4. 2に水を加えて強火にし、ソーセージを加える **c**。蓋をして煮立ったら中火にし、3分ほど煮る。

5. 火を弱め、混ぜた **A** を加える。混ぜながら、とろみがつくまで加熱する。

6. 3のバゲットをのせ、コンテチーズをすりおろし、黒こしょうをふる。

POINT DE CUISINE

a　水分が出やすいよう玉ねぎの繊維を断つ

玉ねぎは繊維に沿って切ると水分が出にくく、シャキシャキとした食感が残ってしまう。

b　蓋をして玉ねぎに早く火を通す

蓋を開けるときに、蓋の内側についている水分は鍋に戻す。水分が足りないときは、差し水をする。

c　ブイヨンなしでも旨みを足せる

鍋底についた旨みをこそげ取り、水に煮溶かす。ソーセージからもよいだしが出る。

> **材料** 2人分

鶏手羽先…2本
ソーセージ…大2本
ベーコン（ブロック）…100g
にんじん…1本
じゃがいも（メークイン）…2個
玉ねぎ…½個
白菜…2枚（100g） c
えのきたけ…½袋（40g）
しめじ…½袋（40g）
ミニトマト…6個
にんにく（半分に切る）…1かけ分
塩…適量
白ワイン…100㎖
水…700㎖
赤唐辛子（半分に割る）…1本分
ローリエ…2枚
しょうが…1かけ（10g）
EVオリーブオイル…大さじ2

> **作り方**

1 ベーコンは半分に切る。にんじんは乱切りにする。じゃがいもは4等分に切る。玉ねぎは1枚ずつはがし、芯を取り、内側と外側に分けて同じ大きさのくし形切りにする（P16参照）。白菜は軸を5㎝幅に、葉を10㎝幅に切る。えのきたけ、しめじは石づきを落とす。

2 鍋にオリーブオイル大さじ2、にんにくを熱する。香りが立ったら手羽先を入れて塩ひとつまみをふり、ソーセージ、ベーコンを焼く a 。両面に焼き色がついたら、にんじん、じゃがいも、玉ねぎ、白菜、えのきたけ、しめじを加えて炒める。全体に油が回ったら白ワインを加えてアルコールをとばす。塩2つまみをふり、水、ミニトマト、赤唐辛子、ローリエ、しょうがのすりおろしを加える b 。

3 蓋をして煮立ったら弱火で10分ほど煮込む。じゃがいも、にんじんに火が通ったら火から下ろす。

4 塩で味をととのえて器に盛る。好みでイタリアンパセリのみじん切りや黒こしょうをふり、オリーブオイル（すべて分量外）を回しかけてもおいしい。

POINT DE CUISINE

a
"三種の神器"で長時間煮込んだ味に

手羽先、ソーセージ、ベーコンは、いわばだしの"三種の神器"。焼いて旨みを油に出すことで、短時間でもじっくり煮込んだような味になる。

b
しょうがを加えて味を引き締める

生のしょうがをすりおろして加えて、風味をつける。しょうがのほのかな辛みでスープが爽やかに仕上がる。

c
キャベツ→白菜で確実においしく

キャベツは長時間煮ないとおいしくなりにくい野菜。代わりに白菜を使う。だしがよく出て、ほかの食材との相性もよい。

味わい深く仕上げるコツが詰まった
ジンジャーポトフ

ポトフを作ったものの、ちょっと素っ気ない味になってしまった。
家で料理していたときにそう感じたので、
しょうがの香りやトマトの酸味でちょっと色気を加えました。
手羽先、ソーセージ、ベーコンで、長時間煮込んだような味の深みが出ます。

20分でごちそう、魚介の濃厚な味わい
ブイヤベース

ブイヤベースというとよそよそしいけど、寄せ鍋みたいなものです。
煮込んでだしが出る、というより、貝が開いたら即座にだしが出る。
準備段階でだしが出やすい食材を選ぶのも、最速でおいしく作るポイント。

動画でわかる！

| 材料 | 2人分 |

- 赤えび…4尾
- たら（または好みの白身魚）…2切れ（50g×2）
- はまぐり（砂抜き済み）…4個
- かき（むき身）…6個
- かぶ…1個
- ミニトマト…5個
- 玉ねぎ…1/2個
- セロリ…1/2本
- 長ねぎ…1/2本
- にんにく（薄切り）…1かけ分
- 塩…適量
- 白ワイン…100㎖
- ペルノ（あれば）…少々 c
- 水…800㎖
- EVオリーブオイル…適量
- イタリアンパセリ（みじん切り）…適宜
- レモンの皮（できれば国産・無農薬）…適宜

| 作り方 |

1. たらは、1切れにひとつまみずつ塩をふる。赤えびは頭をはずし、身の殻と尾、背ワタを取り除く。かぶは皮を厚めにむいて6等分に切る。ミニトマトは半分に切る。玉ねぎ、セロリは薄切りにし、長ねぎは斜め薄切りにする。

2. フライパンにオリーブオイル大さじ1を熱し、たらの皮面を軽く焼いて取り出す。オリーブオイル大さじ1を足し、赤えびの頭を炒めて取り出す a 。

3. 同じフライパンにオリーブオイル大さじ1を弱火で熱し、にんにく、玉ねぎ、セロリ、長ねぎを入れて塩ひとつまみをふり、さっと炒める。蓋をして途中混ぜながら香ばしく色づくまで蒸し焼きにする。白ワインを加え、鍋底の旨みをこそげ取る b 。

4. かぶ、ミニトマト、ペルノ、赤えびの頭、水を加えてひと煮立ちさせる。5分ほど煮詰め、スープの濃度をととのえる。

5. はまぐりを加え、口が開いたら、かき、たら、えびの身の順で加え、さっと火を通す。

6. 器に盛り、オリーブオイルをひと回しかける。好みでイタリアンパセリをふり、仕上げにレモンの皮をすりおろすと、よりおいしい。

POINT DE CUISINE

a
赤えびの頭から よいだしが出る

えびの頭は炒めると、香ばしい香りが立って臭みが取れる。たらやはまぐり、かき、ミニトマトなど、旨みの強い食材を組み合わせることで最高のだしに。

b
鍋底の旨みを 余さず使う

鍋底についた旨みをワインを加えてこそげ取る。旨みだけでなく、香ばしい香りもスープに移す。

c
アルコールで 深みを出す

ペルノはハーブとスパイスのリキュール。魚介料理によく合う。

CUISINE FRANÇAISE LA PLUS RAPIDE　最速フレンチ

最速、最高のタイミングで仕上がる
クリームシチュー

動画でわかる！

シチューを作ると、煮えすぎた具材と煮えていない具材が混ざりがちだけど、
このレシピは、火が通りにくい食材から切ってどんどん鍋に入れ、煮ていきます。
時短かつそれぞれの食材に適した加熱ができて、最終的に味もととのう。
ルーは使わず、塩も最小限。野菜の繊細な味と鶏肉の旨みがしっかり味わえます。

材料　2〜4人分

- 鶏もも肉…200g
- 塩…2つまみ
- にんじん…1本
- じゃがいも（メークイン）…大1個（180g）
- 玉ねぎ…小1個（130g）
- しめじ…1/2袋（50g）
- ブラウンマッシュルーム…6個
- ブロッコリー…1/3個（80g）
- 生クリーム…100mℓ

A
- 水…800mℓ
- 塩…5g
- ローリエ…1枚

B
- 薄力粉…20g
- バター（常温に戻す）…20g

作り方

1 鍋にAを入れて沸騰させる。

2 鶏肉は両面に塩をふり、5分ほどおく。

3 野菜は切った順に**1**に加える **a**。にんじんは小さめの乱切りにする。玉ねぎは縦4等分に切ってバラバラにし、1cm幅に切る。じゃがいもは小さめの乱切りにする。鶏肉は一口大に切り、出てきた水分ごと**1**に加える。しめじは石づきを落としてほぐす。マッシュルームは半分に切る。弱火で5分ほどゆでる。

4 ボウルにBを入れて練る。

5 **3**の具材に竹串がすっと入るやわらかさになったら中火にする。生クリームを加えて2分ほど加熱して味をなじませる。ブロッコリーを小房に分けて加える。

6 弱火にして**4**の半量を鍋に加えて溶かし **b**、なじんだら残りを加えて混ぜる。とろみがついてきたら中火にして30秒ほど加熱し、火から下ろす。

POINT DE CUISINE

a
火が通りにくい食材から煮て時短

食材は炒めない。1種類切るたびに鍋に加えていく。火が通りにくいものから加えていき、次の材料を切っている間に火を通す。

b
ダマにならないようのばしてから鍋へ

ボウルに練っておいた薄力粉とバターはそのまま鍋に入れてもよいが、鍋に加える前に少量のスープでのばすとダマになりにくい。

かたまり肉は不要、15分で作れる
ローストビーフ

動画でわかる！

大きなかたまりの肉で、時間をかけて作るイメージの料理ですが、
手に入りやすい牛ステーキ肉を使って、
フライパンとアルミ箔だけで、最速でごちそうに仕上げます。
ソースも簡単で応用範囲が広いので、ぜひ覚えておいてほしいです。

材料 2人分

牛サーロインステーキ用肉
　（厚さ2cm以上がおすすめ。
　常温に戻す）…1枚（200g）
植物油…適量
塩・粗塩・黒こしょう
　…各適量
クレソン…適宜

ソース
　赤ワイン…40g
　酒…40g
　みりん…40g
　しょうゆ…20g
バター…少々

作り方

1. フライパンに植物油を弱めの中火で熱し、牛肉を両面30秒ずつ焼き、もう一度繰り返す。側面も10秒ずつ焼いたらバットに取り出す **a** 。5分ほど休ませる。

2. 1の表面の水分を拭き取る。再び両面を30秒ずつ焼く。取り出してアルミ箔で包み、5分ほど休ませる **b** 。

3. 2のフライパンの油をぬぐい、ソースの材料を入れて火にかける。煮立ったら底についた旨みをこそげ取り、バターを混ぜる。とろみがつく手前で火を止め、アルミ箔の肉汁を加えて温める。

4. 別のフライパンに多めの植物油を中火で熱し、牛肉の水分を拭き取って入れて焼く。両面にしっかりと焼き色がついたら取り出す。塩、黒こしょうをふる。

5. 薄くそぎ切りにし **c** 、器に盛る。粗塩、黒こしょうをふり、好みでクレソンを添える。3をかける。

※肉が厚く大きい場合、手順2の保温時間を長くする、焼いて休ませる回数を1回増やす、手順4で焼いたあとに休ませて切るなど調整する。

POINT DE CUISINE

a 薄いステーキ肉なら最速で作れる

厚みがないから、中心まで熱が伝わるのが早い。焼くときは、食中毒防止のため全面をしっかり焼く。

b 包んで休ませて火入れをする

1回目は冷めるまでおき、表面温度と中心温度を合わせる。2回目はアルミ箔で包んで火を入れる。焼き色は3回目でつける。

c ステーキ肉は切り方次第

ステーキ肉でも、包丁を寝かせて薄くそぎ切りにすれば、ローストビーフに。かたまり肉で時間をかけて作らなくても十分においしい。

赤えびのラビオリ アメリケーヌソース

餃子の皮で簡単、赤えびで本格味

赤えびの頭って捨ててしまいがちだけど、えびの身以上にえびの味がする。
料理をおいしくするのに役立つから、ぜひ活用してほしいです。
もうひとつ。マッシュルームも、和食でいうとかつお節や昆布くらいだしが出ます。
これを入れると味にすごく深みが出るので、ぜひ加えてみてください。

材料　2人分

- 赤えび…6尾
- 餃子の皮…12枚
- ブラウンマッシュルーム…6個
- ミニトマト…6個
- 玉ねぎ（みじん切り）…10g
- にんにく（みじん切り）…5g
- バター…50g
- 白ワイン…120㎖
- 生クリーム…50㎖
- 塩…ひとつまみ
- EVオリーブオイル・イタリアンパセリ（みじん切り）・レモンの皮（できれば国産・無農薬）…各適宜

作り方

1. 赤えびは頭をはずし、身の殻と尾、背ワタを取り除く。赤えびの身の水けを拭き取り、餃子の皮にのせる。皮の縁を水でぬらし、もう1枚を上にのせる。指で押さえてしっかり閉じ、周りを三角形に折る a 。残りも同様に包む。

2. マッシュルームは薄切りにする。ミニトマトは半分に切る。

3. フライパンにバター30gを熱し、赤えびの頭を香ばしくなるまでじっくり炒め、だしが出やすいように少しつぶす。白ワイン、生クリームを加えて弱火で5分ほど煮る。

4. 別の鍋にバター20gを熱し、マッシュルーム、にんにく、玉ねぎ、塩を入れて炒める。香ばしい香りがしてきたらミニトマトも加えてさらに炒める。3を濾し入れる（濾すときにえびの頭をつぶすと、さらにだしが出る）。とろみがつくまで5分ほど弱火で煮る b 。

5. 塩分濃度1%の湯を沸かし、1を2分ゆで、器に盛る。4のソースをかけ、好みでオリーブオイルを回しかけ、イタリアンパセリをふる。レモンの皮をすりおろすと、よりおいしい。

POINT DE CUISINE

a 餃子の皮で手軽にラビオリを

三角に折ってラビオリっぽく。赤えびは水けをしっかり拭き取ると、皮がふやけて破れるのを防げる。

b 最速で作れる旨みたっぷりソース

小さなえびでも、頭を香ばしく炒めて少し煮詰めるだけでよいだしが出る。しっかり濾してから、マッシュルームとミニトマトを加えれば、旨みたっぷりのソースが完成。

ホワイトソースもチーズも不要
じゃがいものグラタン

じゃがいもの味を直に感じられる料理です。
全部オーブンで作ろうとすると、かえって火が入りにくいので、
まずは鍋で煮てじゃがいもに火を通します。急がば回れ、確実に成功します。

材料　2人分

じゃがいも（メークイン）… 小2個（200g）

A
- 牛乳 … 150㎖
- 生クリーム … 150㎖
- にんにく（みじん切り）… 1かけ分
- 塩 … 2つまみ
- 黒こしょう … 少々

作り方

1. 鍋に**A**を入れる。じゃがいもを1㎝厚さの輪切りにして加える（水にはさらさない）。
2. 鍋を弱めの中火にかけて煮立て、じゃがいもがやわらかくなるまで煮る **a**。
3. 耐熱容器に**2**を入れ、オーブントースターで香ばしい焼き色がつくまで焼く。

a　コクと旨みをプラス

じゃがいもを鍋で煮て乳製品のコクと旨みを染み込ませると同時に、じゃがいも本来の甘みを引き出す。最後にオーブントースターで焼き、香ばしさをプラスすれば、味に奥行きが出る。

POINT DE CUISINE

材料 2人分

- 白いんげん豆水煮缶…1缶(400g)
- A
  - 鶏手羽先…2本
  - ソーセージ…大2本
  - ベーコン(ブロック)…80g
- ミニトマト…7個
- B
  - 玉ねぎ(みじん切り)…30g
  - にんじん(みじん切り)…20g
  - セロリ(みじん切り)…20g
  - にんにく(みじん切り)…1かけ分
- 塩…2つまみ
- 白ワイン…200㎖
- 水…200㎖
- EVオリーブオイル…適量
- 黒こしょう…適量
- イタリアンパセリ(みじん切り)・レモンの皮(できれば国産・無農薬)…各適宜

作り方

1. ベーコン、ミニトマトは半分に切る。
2. 鍋にオリーブオイル50㎖を熱し、A(焼く前に手羽先に塩ひとつまみをふる)を香ばしく焼き、取り出す。Bを入れ、しんなりするまで炒めて塩ひとつまみをふる。白ワイン、水、白いんげん豆を缶詰の汁ごと a 、ミニトマトを加え、手羽先を戻し入れる。ひと煮立ちしたら弱火で20分ほど煮込む。
3. ソーセージ、ベーコンを戻し入れ、さらに2分ほど煮込む。水分が多ければ煮詰める。
4. 器に盛り、オリーブオイルをひと回しかけ、黒こしょうをふる。好みでイタリアンパセリをふり、レモンの皮をすりおろしてもよい。

CUISINE FRANÇAISE LA PLUS RAPIDE 最速フレンチ

缶詰で気軽に作れる
カスレ

白いんげん豆の缶詰を汁ごと使うと、こなれた味に仕上がります。少量の玉ねぎ・にんじん・セロリのみじん切りが、食感のアクセントに。

動画でわかる！

a POINT DE CUISINE

缶汁ごと使って時短＆とろみづけ

乾燥の豆から調理しなくても、缶詰を使えば、短時間で十分においしく仕上がる。汁ごと使用することでとろみがつき、全体の旨みを上手くまとめる。

| 材料 | 作りやすい分量 |

鶏レバー…200g

塩…2つまみ

玉ねぎ（みじん切り）…大さじ2（20g）

にんにく（みじん切り）…1かけ分

白ワイン…50㎖

生クリーム…50㎖

植物油…大さじ1

バター…40g

粗塩・黒こしょう…各適量

バゲット（スライス）・マーマレード…各適宜

作り方

1. レバーに塩ひとつまみをふる。

2. フライパンに植物油を熱し、**1の表面を香ばしく焼き** a 、取り出す。バターを熱し、にんにく、玉ねぎを入れる。色づけないように弱火でじっくりと炒め、塩ひとつまみをふる。レバーを戻し、白ワインを加えてレバーに火を通す。生クリームを加えてひと煮立ちさせる。火を止め、黒こしょうを多めにふる。

3. 粗熱をとってからミキサーで攪拌する。レバーがなめらかなムース状にならない場合、水少々（分量外）を加え、かたさを調整する。2時間ほど冷蔵庫で冷やす。**スプーンで器に盛り** b 、粗塩、黒こしょうをふる。好みで焼いたバゲット、マーマレードを添えると、よりおいしい。

最初に焼きつけて旨みを引き出す
レバーパテ

動画でわかる！

最近の鶏レバーは鮮度がいいから、下ごしらえは不要。臭みが苦手、という人にこそ作ってみてほしい。ちょっとだけ余っているジャムや、レーズンや果物など、甘みを添えると、断然印象が変わります。

POINT DE CUISINE

a
メイラード反応で香ばしさを出す
レバーを油でこんがり炒めてメイラード反応を起こし、香ばしい香りと旨みを引き出す。

b
ゼラチン不要。バターで固める
バターを冷やすと固まる性質を利用している。温かい湯にスプーンをつけてからすくうと、きれいにすくえる。

ベーコンと玉ねぎの簡単薄焼きピザ
タルトフランベ

動画でわかる！

冷凍パイシートを焼いてから、バットをのせてつぶす。
それだけで、クリスピーな食感と香ばしさが出ます。
玉ねぎは炒めず生のまま焼きます。ちょっと焦げた部分と
生っぽい部分がどちらもある、素朴さを味わってほしい料理です。

CUISINE FRANÇAISE LA PLUS RAPIDE　最速フレンチ

材料　21cm×21cmのパイシート1枚分
- 冷凍パイシート … 1枚
- ヨーグルト（プレーン）… 400g（またはサワークリーム100g）
- ベーコン（スライス）… 50g
- 玉ねぎ … 1/4個（40g）
- EVオリーブオイル … 適量
- 粗塩・黒こしょう … 各適量
- ディル・イタリアンパセリ … 各適宜

下準備
- ヨーグルトは水きりする **a**。
- 冷凍パイシートは解凍する。
- オーブンは250℃に予熱する。

作り方
1 パイシートは3mm厚さに伸ばし、250℃のオーブンで8分焼く。膨らむので、バットなどをのせてつぶす **b**。

2 玉ねぎは極薄切りにし、ベーコンは1cm幅に切る。1に水きりヨーグルト100gを塗り、玉ねぎとベーコンをのせる。

3 250℃のオーブンで焼き色がつくまで10分ほど焼く。オリーブオイルをひと回しかけ、粗塩、黒こしょうをふる。好みでディルやイタリアンパセリを散らすと、よりおいしい。

POINT DE CUISINE

a
ザルにのせて水きりヨーグルトに
ザルにキッチンペーパーを敷いてヨーグルトをのせ、1時間以上おいておく。タルトをすぐ作りたい場合は、サワークリームで代用してもよい。

b
膨らませてつぶし、サクサク食感に
一度膨らませたパイ生地をつぶすだけで、薄焼きピザのようになる。

見た目の楽しさもおいしさのうち
フォンダンショコラ

動画でわかる！

見た目は完全にたこ焼きですが、中はとろっと熱々のフォンダンショコラ。
レストランでも、オープン以来、家庭用のたこ焼き器で作って提供しています。
ワクワクするビジュアルで、一口サイズの焼きたてを楽しめるデザートです。

材料　約16個分

チョコレート（ビター）…60g
バター…60g
溶き卵…80g
グラニュー糖…60g
薄力粉…50g
ココアパウダー…20g
ラズベリー（または小さく切ったバナナ）…適量

トッピング
ミントの葉、チョコレート、
　ホワイトチョコレートまたは
　アングレーズソース…各適宜

作り方

1. バターは湯煎して溶かす。チョコレートも湯煎して溶けたらバターを入れて混ぜ合わせる。

2. 別のボウルに溶き卵とグラニュー糖を入れて少し白っぽくなるまで混ぜ合わせる。1を少しずつ加えてもったりするまで混ぜ合わせる a 。薄力粉とココアパウダーをふるって加え、混ぜ合わせる。

3. 2を絞り袋に入れ、230〜250℃に熱したたこ焼き器に絞り入れる b 。ラズベリーを真ん中にのせ、たこ焼きを焼くように竹串で転がしながら焼く c 。器に盛り、好みで湯煎したチョコレートやホワイトチョコレート、刻んだミントをかけると、よりおいしく、たこ焼きらしく見える。

POINT DE CUISINE

a　少しずつ混ぜてなめらか食感に
チョコレートは湯煎で溶かしたあと、温度を40〜45℃まで下げること。これを少しずつ加えることで生地がなめらかになる。

b　スプーンより絞り袋がおすすめ
生地をスプーンですくってたこ焼き器に入れるより、絞り袋に入れて絞ったほうが均等な量に調整でき、手も汚れない。

c　たこ焼き器で表面がきれいに焼ける
火力が強いのでプレート全体が高温になり、数分で外側がこんがりと焼ける。ひっくり返すのもラク。

> コラム
> ちょっとだけ
> 残った食材で
> **1**

まぐろの刺身が
ちょっとだけある

　高価なまぐろでも、ちょっとだけ残ると、雑に扱ってしまうことが多いのではないでしょうか。お腹いっぱいなのに無理して食べたりとか。余った量が少なすぎて、まかないにすることすらできない。でも、その不利な状況を、僕の料理人歴20年の技術と愛情で、何か料理に変えられないか、深掘りしてみようと考えて、YouTubeで「ちょっとだけある」シリーズを始めました。

　刺身で食べられるほど新鮮なまぐろは、コンフィという、低温の油でじっくりと煮る技法を使って絶妙な火入れのツナにします。耐熱性の袋にまぐろと油を入れて、お湯にぽちゃっと浸けるだけ。まぐろに直接火を入れるのではなく、周りの油から間接的に熱が伝わってすごくしっとり仕上がる。夜ごはんで余ったまぐろを次の日に自家製ツナで食べられたら、なんて幸せなんだって思います。

自家製ツナと
ニース風サラダ

材料と作り方

1 まぐろの刺身に重さの1.5%の塩をふる。10分ほどおき、なじませる。

2 耐熱性の保存袋にまぐろの重さの30%のEVオリーブオイルと、水分を拭き取ったまぐろを入れて口を閉じる。沸騰した湯に袋を入れて火を止める。そのまま1分おき、氷水で冷やすと、自家製ツナの完成。

3 ツナは食べやすい大きさに切り、器に盛る。好みでベビーリーフやミニトマト、ディル、ゆで卵などを添え、EVオリーブオイルをひと回しかけ、粗塩、黒こしょうをふってサラダに仕立てる。

コラム

調理道具こそ、本物を

　調理道具はどんなものを使ったらいいですか？と聞かれることがありますが、一生使える本物をおすすめします。高価で手が出にくいかもしれませんが、長く使えるので、結局はお得です。家庭では、フッ素樹脂加工のフライパンを使われることが多いでしょうか。くっつきにくいという利点はありますが、厚みがないと、食材を入れたときに表面温度が下がりやすく、火力を少し上げる必要があります。その点、厚みのあるステンレスのフライパンは温度変化が少ないので、安定した調理ができます。フッ素樹脂加工のフライパンに慣れていると、最初は食材がくっつきやすいと感じるかもしれませんが、フレンチには、デグラッセという、鍋底にこびりついた旨みをこそげ取る調理法があります。こびりついたところには旨みがたっぷり含まれているのです。このように視点を変えることで、使いにくいのでは？と思い込んでいた調理道具が、料理の新たなステージを提供してくれるかもしれません。蓋もセットで買うとしっかり閉まり、密閉性が高まります。

第2章

野菜ひとつで主役級
前菜のレシピ

旬の野菜の旨みや甘み、香りを際立たせる調理法
と、野菜の新たな魅力に気づくような目先を変え
たレシピをご紹介します。

旬の野菜が持つポテンシャルを
最大限に引き出す

旬の野菜は味や香りが濃く、必要以上に味つけしなくても野菜本来の味を楽しめます。野菜の特徴を最大限に引き出す方法をマスターしましょう。

調理法を変えて
野菜ひとつを主役にする

野菜は調理法によってその野菜のさまざまな面を引き出すことができます。例えば、じゃがいも。揚げればカリッと中はホクホク、スープにすれば自然ととろみがつく。本当にバラエティ豊かに作れる。そこが野菜の面白さでもあり、難しさでもあると思います。カレーのじゃがいもは、ちょっとかたいほうがいい人、溶けるほどやわらかいほうがいい人、それぞれですよね。自分好みに火入れの具合を変えたり、切る大きさを変えたりしていくと、もっと料理が面白くなると思います。

野菜の持つ特徴を知る

例えば、春が旬のアスパラガスは、根元にも甘みがありますが、皮がかたく口当たりが悪いので、皮をむいて使います。また、繊細な味わいの野菜なので、手作りのソースを合わせてバランスを取ります。

最小限の材料で
野菜の味を際立たせる

とうもろこしは、水、塩、油だけでスープに仕上げます。牛乳や生クリーム、ブイヨンを入れると、その味になってしまいます。そこで、とうもろこしの芯でだしをとり、実をしっかり炒めて香りや甘みを出します。とうもろこしの味を味わうにはそれが一番おいしい。余計なものを足さない＝材料を引くことで、素材の持つ味が際立ちます。

加熱法を変えて
野菜の旨みや香りを引き出す

なすは焼いたときのスモーキーな香りがごちそうになります。パプリカはオーブンで丸ごと焼くと甘みが凝縮します。炒めたり煮たりすることが多い白菜も焦げ目がつくまでしっかり焼いてから煮込めば、ソースに香ばしさが出ます。煮物にしがちな里いもを揚げるなど加熱の仕方を変えるだけで、いつもと違ったおいしさに出合えます。

甘みと塩味と酸味の
バランスを意識する

甘みと塩味を混ぜ合わせると、どちらかひとつ、あるいは両方の味が引き立ちます。さらにそこに酸味が加わることで、味が変化します。塩味が少なくても酸味があると、塩味が引き立ちます。甘みのある料理に酸味が加わると、甘みを旨みとして感じ、マイルドになります。3つの味のバランスを意識することは、野菜を調味するうえでとても大切です。

ヴィシソワーズ（作り方P48）

春 PRINTEMPS

じゃがいもや玉ねぎも、春ならではのみずみずしい味わい。
旬のアスパラガス、菜の花、たけのこも楽しんでください。

ポテトサラダ（作り方P48）

ポムリヨネーズ（作り方P49）

ENTRÉE 野菜ひとつで

ポムフリット（作り方P49）

47

じゃがいもの繊細な香りが引き立つ
ヴィシソワーズ

野菜の味を信じて、「これでいいのか？」っていうくらい
シンプルな調理をすると、意外とそれが一番おいしく仕上がります。

材料　2人分

じゃがいも（メークイン）
　…小2個（200g）
水…300ml
バター…20g
塩…ひとつまみ

作り方

1. じゃがいもは極薄切りにする（水にはさらさない）。
2. 鍋に1、残りの材料を入れて火にかけ、煮立ったら弱火にして、やわらかく煮る a 。火を止めてハンドブレンダーで攪拌し b 、水（分量外）で好みの濃度にととのえる。
3. 2をボウルに移し入れて氷水に当て、冷ます。

POINT DE CUISINE

a
じゃがいもに含まれるでんぷんでとろみづけ
じゃがいもは水にさらさず、でんぷんを残したまま煮て、とろみをつける。

b
ハンドブレンダーでなめらかな仕上がりに
ハンドブレンダーがあれば、鍋のまま攪拌できる。ミキサーで攪拌してもよい。

マヨネーズを"分解"して和える
ポテトサラダ

じゃがいもとマヨネーズがしっかり混ざり合ったポテトサラダとはひと味違う。
最初に口に入れたときに、じゃがいものナチュラルなおいしさを感じます。

材料　2人分

じゃがいも（メークイン）…2個
塩…2つまみ
卵…2個

A ┃ 玉ねぎ（みじん切り）…30g
　┃ 粒マスタード…30g
　┃ 白ワインビネガー（または酢）…30g
　┃ イタリアンパセリ（みじん切り）…適宜
　┃ EVオリーブオイル…60g

粗塩…適量

作り方

1. Aは混ぜ合わせておく。
2. 鍋に皮つきのじゃがいも、たっぷりの水を入れて火にかける a 。沸騰したら弱火にして蓋をし、やわらかくゆでる。皮をむいて一口大に崩し、熱いうちに塩を加えて混ぜ合わせる b 。
3. 卵は沸騰した湯から7分ゆでて冷水に取り、殻をむいて4等分に切る。
4. 器に2、3を盛る。卵の黄身の部分に粗塩をふり、1をかける。

POINT DE CUISINE

a
丸のままゆでてほくほくに
皮をむいてゆでると、水っぽくなってしまう。小さめのじゃがいもを使うと、早く火が通る。

b
下味は塩だけ。油は最後にかける
マヨネーズを混ぜるのではなく、塩で下味をつけておく。器に盛ってから、ビネガーとオリーブオイルを混ぜてかけることで、じゃがいもの甘さ、オリーブオイルの香りが引き立つ。

驚くほど甘くて旨い
ポムリヨネーズ

じゃがいもから溶け出したでんぷんが玉ねぎの水分の甘さとからみ、最高のソースのできあがり。これ以上ない旨みになります。

材料 2人分

- じゃがいも（メークイン）… 小2個（200g）
- 塩 … 2つまみ
- 玉ねぎ … 小1個
- バター … 40g
- 黒こしょう … 適量

作り方

1. じゃがいもは1cm厚さの半月切りにして塩ひとつまみをふり、2分ほどおく **a**。玉ねぎは厚めの乱切りにする（P16参照）。
2. フライパンにバターを熱し、玉ねぎを炒めて塩ひとつまみをふり、**1**のじゃがいもを水分ごと入れる。蓋をして弱火にし、途中で差し水をして混ぜながら **b**、やわらかくなるまで蒸し焼きにする。
3. 器に盛り、黒こしょうをふる。

POINT DE CUISINE

a じゃがいもに塩をふり水分を引き出す

じゃがいも全体に和えるように塩をまぶして、水分を引き出す。その水分でじゃがいもを蒸し焼きにするから旨みと甘みが凝縮する。

b 差し水をして乳化させ旨みを吸わせる

じゃがいものでんぷんが乳化剤となってバターと水を乳化させる。玉ねぎにからんで玉ねぎの甘みと旨みを引き立たせる。

塩ゆでのひと手間が大事
ポムフリット

生から揚げると中まで火が通らず失敗しがちですが、ゆでてから揚げれば確実です。じゃがいもに水と塩を吸わせてから揚げることで、外はカリカリ、中はしっとり。

材料 2人分

- じゃがいも（メークイン）… 2個
- 植物油 … 適量
- 粗塩 … 適量

作り方

1. じゃがいもはくし形切りにする。塩分濃度1%の湯でやわらかくゆでる **a**。網などにのせ、水分を少し飛ばす。
2. 植物油を180℃に熱し、**1**を表面がカリッとするまで揚げる。
3. 器に盛り、粗塩をふる。

POINT DE CUISINE

a じゃがいもは塩ゆででで旨みを引き出す

じゃがいもの中にしっかり塩味が入ることで、じゃがいもの甘さが引き立つ。外はカリカリ、中はしっとりして食感にコントラストがつく。

ENTRÉE　野菜ひとつで

できたてを食べてほしい
アスパラガスのオランデーズソース

根元に甘みがあるので、そこをおいしく食べるためにも皮は絶対にむいてほしい。
ゆで上げてからどんどん味が落ちてしまうので、
丁寧に調理して、できたてを楽しむのがベストです。
オランデーズソースのほのかな酸味と香り、コクが野菜の繊細な味わいに合います。

ENTRÉE 野菜ひとつで

POINT DE CUISINE

材料　2人分

グリーンアスパラガス … 8本

オランデーズソース
- 卵黄 … 2個分
- 白ワインビネガー … 10㎖
- 塩 … ひとつまみ
- 水 … 10㎖
- バター … 20g

作り方

1. アスパラガスは根元を5cmほど皮をむく。塩分濃度2%の湯を沸かして2分ほどゆでる **a**。器に盛る。

2. 1の鍋に、バターを入れた耐熱ボウルを重ねて溶かす。別の耐熱ボウルにソースの残りの材料を入れて鍋に重ね、ごく弱火で加熱しながら泡立て器で攪拌する **b**。もったりとしたら火から下ろして溶かしたバターを少しずつ加えて乳化させる **c**。1にかける。

a
根元を先に入れて均一なかたさに

根元を先にさっとゆでてから、全体を鍋に入れて均等に火を通す。ゆで上がったら氷水にさらすと味が抜けてしまうので、ザルに上げる。

b
湯煎しながら攪拌し、とろみをつける

バター以外のソースの材料をボウルに入れ、湯煎しながらしっかり攪拌する。卵黄に火を入れてとろみをつける。

c
乳化させてなめらかなソースに

乳化とは、異なる性質の水と油が混ざり合い、とろみのあるなめらかな状態になること。バターを加えてなめらかな状態に仕上げる。

華やかなソースが野菜のほろ苦さを引き立てる
菜の花のブランシール

春の訪れを真っ先に感じる野菜です。独特のほろ苦さは、華やかなソースや食材と合わせることで花開きます。味が強めのソースやナッツと相性がよいので、いろいろな味つけで旬を楽しんでください。

材料　2人分

菜の花…6本
ゆで卵…1個

A
- 自家製マヨネーズ（P21ウフマヨネーズ参照）…50g
- きゅうり（みじん切り）…30g
- ケッパー（みじん切り）…15粒分
- 玉ねぎ（みじん切り）…10g
- イタリアンパセリ（みじん切り）…適宜

作り方

1. ゆで卵はみじん切りにし、Aと混ぜ合わせておく。
2. 塩分濃度2％の湯を沸かし、菜の花を2分ほどゆでる **a**。キッチンペーパーを敷いたバットにのせて水けをきる **b**。器に盛り、1を添える。

POINT DE CUISINE

a
茎からゆでて均一に火を通す

茎の部分だけ先に湯に入れ、少ししてから全体を入れてゆでる。なお、料理名の「ブランシール」は「ゆでる」という意味。

b
さっとゆでてほろ苦い味を生かす

水っぽくなってしまうので水には取らない。バットにのせて余分な水分を飛ばす。

ENTRÉE 野菜ひとつで

甘酸っぱいマリネ液が、野菜の甘みや苦みとよく合う
たけのこのエスカベッシュ

たけのこは、甘みも苦みもあり、食感も穂先と根元で違ったりして、結構、リズミカルな野菜だと思っています。繊細な和食はもちろん、この料理のように、香ばしく揚げて甘酸っぱいソースと合わせてもおいしいです。

材料　作りやすい分量

- ゆでたけのこ … 中1本
- 片栗粉 … 適量
- A
  - 玉ねぎ（薄切り）… 小1個分
  - にんじん（せん切り）… 小1本分
  - セロリ（せん切り）… 1本分
  - えのきたけ（石づきを落とす）… 1袋
  - レーズン … 10粒
- 植物油 … 適量
- EVオリーブオイル … 大さじ2
- にんにく（みじん切り）… 1かけ分
- 赤唐辛子（半分に割る）… 1本分
- 白ワインビネガー … 大さじ2
- イタリアンパセリ（みじん切り）… 適宜

作り方

1. たけのこはくし形切りにし、片栗粉を薄くまぶす。フライパンに植物油を熱して香ばしく揚げ焼きにし a 、器に盛る。
2. 1のフライパンをきれいにし、オリーブオイル、にんにく、赤唐辛子を弱火で熱し、香りが立ったらAを加える。くたくたになるまで炒め、白ワインビネガーを加えてひと煮立ちさせる。1にかけ、好みでイタリアンパセリを散らすと、よりおいしい。

POINT DE CUISINE

a
**少なめの油で
カリカリに揚げ焼き**

たけのこは水分が出やすいので、片栗粉をまぶして少なめの油で揚げ焼きに。カリカリになり、マリネ液とよくなじむ。

夏 ÉTÉ

夏野菜のみずみずしい味わいを生かしたシンプルな料理から、
おもてなしにもなるおしゃれな料理まで。
太陽をいっぱい浴びた野菜の力強さが
感じられるレシピを選びました。

トマトとすいかのガスパチョ（作り方 P56）

ENTRÉE 野菜ひとつで

トマトのファルシ ライスサラダ（作り方 P57）

フレッシュな野菜の飲むサラダ
トマトとすいかのガスパチョ

ガスパチョはいろいろな作り方がありますが、このレシピは和食のすり流しに近いです。
玉ねぎやにんにくは、生で混ぜるにはちょっと勇気がいる野菜ですが、
むしろトマトやすいかをまろやかにしてくれます。夏を感じてパワーが出る、大好きな料理です。

材料　2人分

- フルーツトマト（またはミニトマト）… 300g
- すいか … 60g
- きゅうり … 3/5本（60g）
- セロリ … 1/5本（20g）
- 玉ねぎ … 20g
- パプリカ（赤）… 20g
- 塩 … ひとつまみ
- 白ワインビネガー … 10ml
- EVオリーブオイル … 適量

作り方

1. 野菜は一口大に切る。
2. オリーブオイル以外の材料をミキサーに入れて撹拌する a 。
3. 器に盛り、オリーブオイルをひと回しかける。好みでペッパーソース（分量外）をほんの少し加えてもおいしい。

POINT DE CUISINE

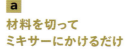
a 材料を切ってミキサーにかけるだけ
できたてはフレッシュだが、時間をおくと味がまろやかになる。

ENTRÉE 野菜ひとつで

器の可愛らしさも楽しみたい
トマトのファルシ ライスサラダ

真っ赤なトマトにサラダをキュッと詰めたファルシ。なんだかすごく可愛く見えます。
スパイスやハーブなど、中に詰める食材で味わいが大きく変わるので、
こうしたレシピをひとつ覚えておくと、料理の幅が広がり、楽しくなります。

材料　4人分

フルーツトマト…4個
ライスサラダ
　ゆで卵…1個
　きゅうり…20g
　玉ねぎ…20g
　オリーブ（黒）…8個
　ツナ缶（オイル漬け）…1缶（70g）
A
　ごはん…50g
　モッツァレラチーズ
　　（細かく切る）…60g
　ケッパー…10粒
　赤ワインビネガー…大さじ1
　EVオリーブオイル…大さじ1

ソース
　自家製マヨネーズ
　　（P21ウフマヨネーズ参照）
　　…大さじ1
　カレー粉…少々

作り方

1 トマトは上を1cm切り落とし、周りにぐるりと包丁を入れ、中身をスプーンでくりぬく **a**。

2 **1**のトマトの中身、ライスサラダのゆで卵、きゅうり、玉ねぎ、オリーブはみじん切りにする。ツナ缶は油をきる。

3 ボウルに**2**、**A**を入れて混ぜ合わせ、**1**の中に詰める。

4 ソースの材料を混ぜ合わせて器に広げ、**3**をのせる。

POINT DE CUISINE

a
**包丁とスプーンで
トマトカップを作る**
皮の内側に小さい包丁を入れて真ん中をくりぬく。そのあと、スプーンでさらに中をくりぬき、水分も一緒に取り除く。中身は水けきってみじん切りにする。

生でしか味わえないおいしさ
ズッキーニのサラダ ギリシャ風

加熱して食べる印象が強いけど、サラダにも積極的に使っていきたい野菜。
ライムやミント、スパイスやナッツなど、個性の強い食材を合わせても、
野菜自体の味わいはきちんと残る。何でも着られちゃう、モデルみたいな野菜だと思います。

材料　2人分

- ズッキーニ … 1本
- 水きりヨーグルト（P37参照）… 50g
- 玉ねぎ（みじん切り）… 10g
- ライムの搾り汁 … 1/2個分
- 塩 … 2つまみ
- ナッツ（ピスタチオなど／刻む）… 10粒分
- ミントの葉 … 6枚
- EVオリーブオイル … 大さじ1
- 粗塩 … 適宜

作り方

1. ヨーグルトにライムの搾り汁半量、玉ねぎを加え、塩ひとつまみで味をととのえる。
2. ズッキーニは1〜2mm厚さの輪切りにし、3分ほど氷水にさらす a 。キッチンペーパーで水けを拭き取り、塩ひとつまみ、残りのライムの搾り汁をよく和える。
3. 2を器に盛り、1をかけ、ナッツ、ミントを散らす。オリーブオイルをかけ、好みで粗塩をふると、よりおいしい。

POINT DE CUISINE

a 氷水にさらしてアクを抜く

ズッキーニはアクが強いので、生で食べるときは氷水にさらし、水けをしっかり拭き取る。シャキッとみずみずしい食感が味わえる。

甘みと旨みが凝縮した
パプリカの丸ごとロースト

焼くことでしか感じられない力強い香ばしさ。ほどよく焦げて引き出された甘み。
シンプルに塩、黒こしょう、オリーブオイルだけでも満足する味わい。
例えば、焼いたチキンや豚肉に、この料理を添えればソース代わりにもなります。

材料　1人分

- パプリカ（赤）… 1個
- EVオリーブオイル … 適量
- 粗塩 … ひとつまみ
- 黒こしょう … 適量

下準備

・オーブンは250℃に予熱する。

作り方

1. パプリカにオリーブオイル適量をまぶし a 、250℃のオーブンで15分焼く。
2. 器に盛り、オリーブオイル適量、粗塩、黒こしょうをかける。

POINT DE CUISINE

a 油をまぶすとムラなく焼ける

オーブンで焼くときは裏返す必要はない。

ENTRÉE　野菜ひとつで

> **材料** 2〜3人分

とうもろこし … 2本（300g）
水 … 400㎖
塩 … ひとつまみ
太白ごま油 … 60㎖

> **作り方**

1 とうもろこしは実をそぐ。鍋にとうもろこしの芯、水を入れ、弱火で10分ほど煮込む a 。芯は取り出す。

2 フライパンに太白ごま油を熱し、とうもろこしの実に塩をふって炒める b 。香ばしい香りが立ったら1のだし汁を加えて2分ほど煮込む。ミキサーで攪拌して濾し、冷やす。
※濾さなくてもつぶつぶしていておいしい。

POINT DE CUISINE

a 芯を水で煮出すとだしがとれる
実をそぐときに芯から根こそぎ取らず、ちょっと残るくらいにすると、よいだしが出る。

b 油で炒めて香りや甘みを生かす
バターや牛乳などの乳製品は使わず、実をよく炒めるほうが、とうもろこし本来の香りや甘みが生きる。

材料は野菜と水、塩、油だけ
とうもろこしのスープ

レストランで、たまたま乳製品を食べられないお客様のために作ったら、「あれ、こっちのほうがとうもろこしの香りが生きておいしいじゃないか」と気づいてできたレシピです。実をしっかり炒めて香りや甘みを引き出します。

焼きなすの香りがごちそうになる
なすのキャビア風

名前の通り、なすをキャビアに見立てたフランスの定番料理。
動物性たんぱく質に負けない旨みがあり、満足感を得られます。
パンとの相性はもちろん、ごはんにのせても意外とおいしいですし、
冷製パスタにしても。作った翌日は味がさらになじみます。

ENTRÉE 野菜ひとつで

材料 　作りやすい分量

なす…2本
オリーブ（黒／みじん切り）…10個分
玉ねぎ（みじん切り）…20g
にんにく（みじん切り）…2かけ分
塩…2つまみ
EVオリーブオイル…大さじ2
タイム…適量
バゲット（スライス）…適宜

作り方

1. ガスコンロに網をのせ、なすを皮が黒焦げになるまで焼く a 。氷水に取り、皮をむいてみじん切りにする。

2. フライパンにオリーブオイル、にんにく、玉ねぎを入れて弱火で熱し、塩ひとつまみをふり、色づかないように注意しながら香りと甘みが出るまで炒める。1、オリーブ、塩ひとつまみを加えて炒め合わせる。

3. 器に盛り、タイムを散らし、好みで焼いたバゲットを添えると、よりおいしい。

a
**直火で焼いて
スモーキーな香りに**
直火で焼くと火力の調節がしやすい。金属製のトングなどで回しながら全体を焼く。魚焼きグリルでも、皮がむけるように焼ければOK。

POINT DE CUISINE

秋 AUTOMNE

秋はやっぱりきのこ。ごぼうやにんじんも秋から冬が旬です。
きのこのマリネやキャロットラペなど、常備菜におすすめのレシピをご紹介します。

きのこのマリネ（作り方P64）

ENTRÉE 野菜ひとつで

マッシュルームのスープ（作り方P65）

アレンジ自在、常備したい
きのこのマリネ

きのこにビネガーの酸味を吸わせ、オイルにハーブの強い香りをつけて保存すると、
噛みしめるときに、きのこにしか感じられない味わいに。
ローズマリーやタイムなど香りが強いハーブを使うと、きのこの持ち味が生きます。
ワインとバゲットに合わせたり、シンプルにパスタにのせるだけでおいしいです。

材料　作りやすい分量

- エリンギ … 1/2パック（50g）
- まいたけ … 1/2パック（50g）
- しめじ … 1/2袋（50g）
- ブラウンマッシュルーム … 6〜7個（50g）
- 塩 … 2つまみ
- 白ワインビネガー … 10㎖
- EVオリーブオイル … 適量

マリネ液
- EVオリーブオイル … 60㎖
- にんにく（つぶす） … 2かけ分
- 赤唐辛子（半分に割る） … 1本分
- ローズマリー … 2本

作り方

1. エリンギは食べやすい大きさに手で裂く。まいたけ、石づきを落としたしめじはほぐす。マッシュルームは4等分に切る。
2. フライパンにマリネ液の材料を入れ、弱火で香りが立つまでじっくり温める。
3. 別のフライパンにオリーブオイル、**1**を入れて塩をふり、強火でしっかり炒める **a**。焼き色がついたら火を止め、白ワインビネガーを加えて鍋底の旨みをこそげ取り、きのこになじませる **b**。**2**を加えてきのこを浸す（すぐ食べられる。冷める段階で味わいが変化する）。

POINT DE CUISINE

a
きのこに香ばしい香りをつける
強火できのこを炒め、水分が出る前に焼き色をつけ、香ばしい香りを出す。

b
デグラッセしてきのこの旨みを十分に
きのこが半分くらいのかさになったら、白ワインビネガーを加えてデグラッセする（→P17参照）。

ENTRÉE 野菜ひとつで

和風だしで引き出す新たな魅力
マッシュルームのスープ

チキンブイヨンを使えばスープにボリューム感が出るし、
きのこだけで作っても、きのこの味がしっかり出ておいしくなるけれど、
昆布とかつお節のだしでマッシュルームを炊くと、
奥深く、あと引くおいしさになります。この味を知ったら、もうほかの作り方はできません。

材料　2人分

ブラウンマッシュルーム … 2パック（200g）
昆布 … 5g
かつお節 … 5g
水 … 400㎖
バター … 40g
EVオリーブオイル … 適量

作り方

1. 鍋に昆布、かつお節、水を入れて火にかけ、弱火で10分ほど煮出す。濾してだし汁を作る。マッシュルームは極薄切りにし、飾り用に少量取り分ける。
2. フライパンにバターを熱し、マッシュルームを炒める a 。しんなりして香ばしい香りが立ったら1のだし汁を加え b 、2分ほど煮る。ミキサーで攪拌する。
3. 器に盛り、飾り用のマッシュルームをのせ、オリーブオイルをかける。

POINT DE CUISINE

a
香ばしい香りが立つまで炒める

マッシュルームから出てきた水分をしっかりと飛ばして焼きつけるように炒める。

b
きのことだしの旨みの相乗効果

きのこに含まれるグアニル酸、昆布に含まれるグルタミン酸、かつお節に含まれるイノシン酸を掛け合わせることで、旨みの相乗効果でよりおいしくなる。

オレンジの甘酸っぱさがにんじんと相性抜群
キャロットラペ

こんなに、にんじんをパクパク食べたくなるような料理って、多分あまりないと思う。
にんじんとオレンジの組み合わせに、オリーブオイルやディルのすがすがしい香りでおいしくなります。

材料 2人分

- にんじん … 小2本（200g）
- オレンジ（できれば無農薬）… 1個
- 砂糖 … 2つまみ
- 塩 … ひとつまみ
- A
  - 赤ワインビネガー … 小さじ2
  - EVオリーブオイル … 大さじ2 1/2
- ディル … 適宜

作り方

1. にんじんはせん切りにする。オレンジは薄皮をむいて果肉を一口大に切る。皮は仕上げ用に少量取っておく。
2. ボウルににんじんを入れ、砂糖、塩をふってよくまぶす **a**。なじんだらしっかり絞って水けを捨てる **b**。Aを加えてなじませる。
3. 2を器に盛り、オレンジの果肉をのせる。好みでディルを散らし、オレンジの皮をすりおろすと、よりおいしい。

POINT DE CUISINE

a にんじんの甘さで砂糖を調節する

甘みが強いにんじんの場合、砂糖を入れなくてもよい。その場合、酸味が多いとバランスが悪くなるので、ビネガーの量を減らす。

b にんじんの水分をしっかり絞り出す

にんじんに砂糖と塩をふって水分を引き出し、しっかりと絞る。酸味がまろやかなビネガーをにんじんに染み込ませ、甘みを引き立たせる。

にんじんを、自身のだしで煮詰めた
キャロットヴィッシー

煮るときに、にんじんからだしを出しながら、そのだしを煮詰めていく料理です。にんじんってやっぱり、甘みとの相性がとてもよい野菜。その持ち味を楽しむためにも、砂糖は怖がらずにしっかりと使ってください。

材料 2人分

- にんじん … 小2本（200g）
- A
  - バター … 30g
  - 砂糖 … 10g
  - 塩 … 3g
  - 水 … 300㎖

作り方

1. にんじんは1cm厚さの輪切りにする。
2. 鍋に1、Aを入れて火にかけ、煮立ったら弱火にしてにんじんがやわらかくなるまで煮る **a**。
3. 2のにんじんを器に盛る。煮汁をとろっとするまで煮詰めてかける。

POINT DE CUISINE

a 煮汁ににんじんのだしを出す

Aとにんじんを一緒に煮るだけ。にんじんからだしが出た煮汁を煮詰めて濃厚なソースに。

ENTRÉE 野菜ひとつで

67

力強い土の香りが引き立つ
ごぼうのキャラメリゼ

ごぼうほど、土の香りを感じる野菜はないと思っています。
キャラメリゼのような味の強い調理が合います。鴨の赤身やジビエ肉、赤ワインとの相性もいい料理です。

材料 2人分

ごぼう … 小1本
塩 … ひとつまみ
バルサミコ酢 … 100g
砂糖 … 10g
植物油 … 適量
粗塩・黒こしょう（粗びき。あれば粒をつぶして使う）
　… 各適量

作り方

1 ごぼうは5cm長さに切り、縦に半分〜4等分に切る。フライパンに植物油を熱し、揚げ焼きにする **a** 。取り出し、塩をふる。

2 1のフライパンの油をきれいにし、バルサミコ酢、砂糖を入れてとろみが出るまで煮詰める。1を戻し入れてからめる **b** 。

3 2を器に盛り、粗塩、黒こしょうをふる。

POINT DE CUISINE

a 水分を飛ばし、香ばしさをつける

少なめの油でしっかりと揚げ焼きにして香ばしさをつけつつ、水分を少し飛ばすことで、バルサミコ酢や砂糖を吸収しやすい状態にしておく。

b とろみが出てからごぼうを加える

砂糖を香ばしく焦がす調理法がキャラメリゼ。しっかりとろみが出てから揚げたごぼうを加える。

ENTRÉE 野菜ひとつで

材料	2人分

里いも … 3個
植物油 … 適量
コンテチーズ … 適量
ローズマリー（みじん切り）… 適量
粗塩・黒こしょう … 各適量

作り方

1. 鍋に里いもを皮つきのまま入れ、塩分濃度2％のたっぷりの水を加えて火にかける。やわらかくなるまで20分ほどゆでる。皮をむき、一口大に切る。
2. 植物油を190℃に熱し、1をカリッとするまで揚げる 。
3. 2を器に盛り、コンテチーズをすりおろし、ローズマリー、粗塩、黒こしょうをふる。

POINT DE CUISINE

a ゆでてから高温で揚げる
ゆでたあとに高温の油で表面をカリッと揚げることで、中のねっとりとした食感とのコントラストがつく。

「里いも＝煮物」の価値観が変わる
里いものチーズフリット

里いもは、ゆでて揚げるのが一番旨いと思っています。ぜひ作ってみてください。煮物に使う印象が強いけど、このレシピのようにゆでて揚げると新しい扉が開く。味わいが濃く口の中に残る野菜なので、チーズは風味の強いものが合います。

冬 HIVER

寒くなるほど増す冬野菜の甘さを
味わうレシピを紹介します。

香ばしく、みずみずしい
白菜のステーキ

鍋や漬物などの印象が強いかもしれませんが、油脂分との相性もよい野菜です。
みずみずしさを保ったまま、すぐに香ばしくなる特徴を生かしてステーキにしました。
水分が多い野菜ですが、加熱して出てくる水分にはちゃんと白菜の味があるので、
この料理のようにボリュームのあるソースが合います。

ENTRÉE 野菜ひとつで

材料　2人分

白菜 … 1/6個
塩 … 2つまみ
EVオリーブオイル … 大さじ2

ソース
にんにく（大きめの粗みじん切り）… 2かけ分
玉ねぎ … 1/4個
赤唐辛子 … 1本
ミニトマト … 4個
ケッパー … 15粒
白ワイン … 50㎖
バター（小さく切る）… 20g
イタリアンパセリ（みじん切り）… 適宜

作り方

1 玉ねぎは粗みじん切りにし、ミニトマトは4等分に切る。

2 フライパンにオリーブオイル大さじ1を熱し、白菜を入れる。両面に焼き色がつくまで焼く a 。両面にひとつまみずつ塩をふる。蓋をして弱火にして蒸し焼きにする b 。火が通ったら器に取り出す。

3 2のフライパンにオリーブオイル大さじ1を足し、にんにく、玉ねぎ、赤唐辛子を香ばしく炒め、ミニトマト、ケッパー、白ワインの順に加える。白菜を戻し入れ、バターを加えて軽く乳化させる c 。好みでイタリアンパセリを加えてなじませる。

POINT DE CUISINE

a 切り口を焼き、香ばしさを出す

白菜はトングや手でフライパンに押しつけ、切り口全体に焼き色がつくようにしっかり焼く。裏返し、油が足りなければオリーブオイル適量（分量外）を足して香ばしく焼く。

b 蒸し焼きにして甘みと旨みを凝縮

白菜に塩をふって水分を引き出し、蓋をして蒸し焼きにする。甘みと旨みが凝縮し、軸の部分にも火が通る。

c 白菜の旨みが出た水分をソースに

ソースの材料を加えるたびに、さっと炒めてなじませる。最後にバターを加え、白菜から出た水分と乳化させ、ソースに仕上げる。

材料 2〜4人分

キャベツ … 1/2個（600g）

肉だね
- 豚ひき肉 … 300g
- 塩 … ひとつまみ
- 黒こしょう … 少々
- 卵 … 1個
- パン粉 … 15g

ソース
- カットトマト缶（水煮）… 1缶（400g）
- 玉ねぎ … 1/2個（120g）
- ブラウンマッシュルーム … 8個
- にんにく（みじん切り）… 2かけ分
- 赤唐辛子 … 1本
- 塩 … 2つまみ
- 白ワイン … 100ml
- 水 … 200ml
- EVオリーブオイル … 大さじ2

コンテチーズ（または粉チーズ）… 適量
EVオリーブオイル … 適量
黒こしょう … 適量
イタリアンパセリ（みじん切り）… 適宜

作り方

1. キャベツは芯をくりぬいて葉を1枚ずつはがし、かたい部分を切り落とす。塩分濃度1%の湯で2分ほどゆでる。玉ねぎはみじん切りにする。マッシュルームは5mm厚さの薄切りにする。

2. ソースを作る。フライパンにオリーブオイル大さじ2、にんにく、赤唐辛子を手で崩して種ごと入れて火にかける。にんにくが薄く色づいたら弱火にして玉ねぎを加える。なじませて塩ひとつまみをふり、蓋をして蒸し焼きにする。

3. 玉ねぎがしんなりしたらマッシュルームを加え、塩ひとつまみをふってさっと炒める。白ワインを加えてひと煮立ちさせる。中火にしてトマト缶、水を加える。ひと煮立ちさせて蓋をして火から下ろす。

4. 肉だねを作る。ボウルにひき肉、塩、黒こしょうを入れてこね、なじんだら卵を割り入れてこねる。パン粉を少しずつ加え、全体がまとまるまでさらにこねる。

5. 1のキャベツに4をのせて包み **a**、3に加える **b**。火にかけ、煮立ったら蓋をして弱めの中火で20分ほど煮込む。コンテチーズをすりおろし、オリーブオイルをひと回しかけ、黒こしょうをふる。器に盛り、好みでイタリアンパセリをふると、よりおいしい。

POINT DE CUISINE

a
肉だねを包んで握るだけ

小さな肉だねをキャベツで包んだら、両手でギュッと強く握るだけ。一口サイズで崩れにくいので従来のロールキャベツのようにきれいに包んだり、爪楊枝などで留めなくてもよい。

b
余ったキャベツも鍋に加える

肉だねを包むときに余った残ったキャベツも巻いて一緒に煮込む。しっかり煮込めば、キャベツの甘みと豚肉の旨みで抜群においしくなる。

ENTRÉE 野菜ひとつで

キャベツが多いほどおいしくなる
ロールキャベツ

キャベツそのものがソースになるくらい、とろとろに煮込みます。
だから、中に包む肉も、長時間煮込んでおいしい豚肉がおすすめです。
餃子を包むような感覚で、わいわい大勢で作るのも楽しいですよ。

かぶのスープ（作り方P76）

カリフラワーのロースト（作り方P76）

ENTRÉE 野菜ひとつで

長ねぎのヴィネグレット（作り方P77）

ブロッコリーのエチュベ（作り方P77）

野菜の力強さをストレートに感じてほしい
かぶのスープ

皮を水で煮ただけで、かぶのコンソメって言えるくらい、水に味が出ます。
一年中流通しているかぶ。夏に作るとちょっとピリッとした味わいを楽しめます。

材料 2人分

- かぶ … 2個
- かぶの茎（あれば）… 少量
- 水 … 300㎖
- 塩 … 適量
- EVオリーブオイル … 少々

作り方

1. かぶは皮をむき、薄切りにする。小鍋に皮と水を入れる。蓋をして10分ほどゆで、だしをとる **a**。かぶの茎はオリーブオイルで軽く炒め、短く切る。

2. 別の鍋にかぶの薄切りと**1**のだし汁を入れる。蓋をして5分ほど煮る。やわらかくなったら、ミキサーかハンドブレンダーで攪拌し、塩で味をととのえる。器に盛り、**1**のかぶの茎を飾る。

POINT DE CUISINE

a 皮が持つ旨みをしっかり抽出する

かぶは皮に強い旨みがあるので、水から煮て旨みや甘みを最大限に引き出す。

圧倒的ボリューム感が魅力
カリフラワーのロースト

味が濃くボリュームがある野菜なので、
それに負けない味わいのソースで食べると、とてもおいしいです。

材料 2人分

- カリフラワー … 中1個
- ベーコン（ブロック）… 50g
- レモン … 1/4個
- 塩・黒こしょう … 各適量
- イタリアンパセリ（みじん切り）… 適宜
- EVオリーブオイル … 大さじ2
- バター … 60g

作り方

1. カリフラワーは半分に切る。塩分濃度2%の湯を沸かして6分ほどゆで、水けをよくきる。ベーコンは厚めに切る。

2. フライパンにオリーブオイルを熱して**1**を入れる。カリフラワーの断面をこんがりと焼き、裏返す。全面を焼いたら、断面を下に戻し、バターを加える。スプーンで油をカリフラワーに繰り返しかけて火を通す **a**。レモンを搾り入れ、皮ごとフライパンに入れる **b**。カリフラワーとベーコンを器に盛る。

3. 残ったソースは塩、黒こしょうで味をととのえる。好みでイタリアンパセリを加えて、**2**にかける。

POINT DE CUISINE

a アロゼしながら旨みを染み込ませる

アロゼは油脂をかけながら焼く調理法。ゆでてからアロゼすることで、表面に香ばしさをまとわせながら、中まで油脂の旨みを含ませる。

b 酸味を加え、ソースを仕上げる

バターとベーコンの濃厚なソースにレモンを搾り入れることで、全体の味を引き締める。

ゆでただけの野菜がごちそうになる
長ねぎのヴィネグレット

大好きなポワローヴィネグレット（西洋ねぎのドレッシングがけ）という料理を、日本でも身近な食材でできないかと思って作りました。

材料 1人分
- 長ねぎ … 1本
- 白ワインビネガー … 適量
- EVオリーブオイル … 適量
- 粗塩・黒こしょう … 各適量
- マスタード … 適量

作り方

1. 長ねぎは半分に切る。塩分濃度2％の湯を沸かして長ねぎを入れる a 。弱火で10分ほどゆでる。
2. 1を冷蔵庫で冷やして、2cm長さに切り、器に盛る。
3. 白ワインビネガー、オリーブオイル、粗塩、黒こしょうをかけ、マスタードを添える。

POINT DE CUISINE

a
浮かないようにして火入れを均等に
鍋に網などで落とし蓋をしてゆでれば、全体に火が入る。ふつふつと沸く程度の弱火でじっくり火を通し、甘みを引き出す。

油脂分との相性のよさを生かした
ブロッコリーのエチュベ

ブロッコリーは普通にゆでてマヨネーズをつけて食べてもおいしいけれど、この料理のように焦げ目をつけると、ボリューム感が増す料理になります。

材料 2人分
- ブロッコリー … 1個
- 塩 … 2つまみ
- にんにく（つぶす） … 2かけ分
- A
  - 白ワイン … 100㎖
  - 水 … 100㎖
  - バター … 40g
- EVオリーブオイル … 大さじ3

作り方

1. ブロッコリーは半分に切り、茎の皮の厚いところがあればそぐ。塩をふる。
2. フライパンにオリーブオイル、にんにくを熱して1を入れ、断面をこんがりと焼いたら裏返す。全面を香ばしく焼き、断面を下に戻す。Aを順に加え a 、蓋をして火が通るまで弱火で5分ほど蒸し煮にする b 。

POINT DE CUISINE

a
オイルを染み込ませて焦げ目をつける
ブロッコリーを焼くときは、房にオイルを染み込ませる感じでこんがりと焼く。次にワインを加え、アルコールを飛ばす。

b
蓋をしてエチュベする
エチュベは少量の水分と油で蒸し焼きや蒸し煮にする調理法。水とバターを加えたら蓋をし、食感を残すように蒸し煮にする。

ENTRÉE 野菜ひとつで

> コラム
> ちょっとだけ
> 残った食材で
> 2

マッシュルームが
ちょっとだけある

　マッシュルームが余ると、傷んでから煮込み料理などに適当に入れられがちなのではないでしょうか。残って冷蔵庫に戻された時点で黄信号。だったら、香りがあって新鮮なうちに早く食べちゃったほうがいいと思います。マッシュルームを主役にして食べるなら、なるべく火を通す時間を短くします。ちょっとしかなくても、スライスすればボリュームが出るし、切った形も可愛くて華やか。パンにのせるだけで、とてもおいしい。たった3個で、パーティーでも使える料理になります。

　ただ、並べるときに、いかにきれいに見せるかっていうことを考えてほしいです。きれいに見せる＝丁寧な仕事は、食べてくれる人へ愛情だと思います。

マッシュルームの
オープンサンドイッチ

材料と作り方

1 ブラウンマッシュルーム3個は薄く切る。

2 にんにく½かけの断面をバゲット（スライス）3枚にこすりつけ、バター適量を塗る。塩、黒こしょう各適量をふり、マッシュルームを並べ、コンテチーズなどをすりおろす。

3 オーブントースターでバゲットがこんがりするまで焼く。仕上げにEVオリーブオイル、塩、黒こしょう各適量、好みでイタリアンパセリのみじん切りをふる。

コラム

柑橘の皮の可能性

　僕が一番最初にアルバイトで入ったフランス料理店で作っていた、オレンジのクレームブリュレ。オレンジの皮を煮出して作るのですが、こんな華やかな方法があるんだ！って、心の底から感動したことを覚えています。シェフになったら、柑橘の皮を使いまくろうと心に決めた瞬間で、実際にレモンの皮の塩漬けやマーマレードジャムなど、柑橘の皮を使いまくっています。

　柑橘の皮はひとつの食材です。飾りというより、その料理の味や印象を決めるもの。香水ではありませんが、同じくらい華やかな香りで料理の印象を変えてくれます。料理を最初に判断する基準って、実は、見た目と香りなのです。レストランでは、料理を運んだときに、お客様はまずは見た目、次にいい香りに反応してくれます。料理にとって、香りはとても重要なのです。本書でも仕上げにレモンやオレンジの皮を使ったレシピがあります。柑橘の皮などで香りまでこだわると、料理がレベルアップすると思います。

第**3**章

肉・魚をおいしくする
主菜のレシピ

肉や魚をおいしく仕上げるコツは、火の入れ方に
尽きます。食材の特徴に合わせて火の入れ方を
変えるだけで、仕上がりが違います。素材を引き
立てるソースもご紹介します。

肉・魚の特徴を見極めて
絶妙な仕上がりの火入れをする

メインディッシュの肉と魚をおいしく仕上げるには、それぞれの特徴を見極めたうえでの火入れが一番大事。
フライパンで焼く際の火入れのコツを伝授します。また、火入れのための下ごしらえやソースについてもご紹介します。

牛肉、鶏肉、豚肉
それぞれのおいしさを生かす火入れがある

肉の加熱の仕方は、すべて同じではありません。牛肉、鶏肉、豚肉によっても違うし、部位によっても変わってきます。身の厚さや脂身の多さ、コラーゲンの含有量によって、火力や加熱時間を調節することで、肉のおいしさを生かした調理ができます。例えば、牛肉のステーキ。最初は軽く焼いて中まで火を入れず、休ませて余熱で火を通していく。そのあと、表面を焼き切る。すると、外側はカリッと、中は絶妙な火の入り方になり、最高においしくなります。塩は最後にふるのがベスト。

（左）鶏肉は身から焼いてほどよく火を入れ、皮が張ってきたら裏返す。これを何回か繰り返すことで、皮はパリパリ、身はふっくら。
（右）豚肉は脂身から焼き、出た脂で肉を焼くことで、焼き色も旨みもつきやすい。

魚には火を入れすぎない
弱火で焼いたり、余熱で火を通す

魚は火が入りやすいので、火加減は強くしません。サーモンのムニエルなら、弱火でバターをムース状にして回しかけ、周りからもゆっくりと火を入れます。また、魚は肉より余熱で火が入ります。真鯛のポワレは皮目をしっかり焼いているうちに、身側にも火が入るので、実際に身側を焼くのはごく短時間。余熱で火を入れてふっくらと仕上げてください。

肉や魚に粉をつけて
おいしさを染み込ませる

肉や魚をバターなどの油脂で焼いていると、素材に火が入り、旨みを含む水分が外に出てきます。そのエキスがだんだん油脂と混ざり合って旨みになるのです。小麦粉や片栗粉をつけて焼くことで、その旨みを粉の衣に染み込ませることができます。

淡白な味わいの肉・魚は
ソースで補う

繊細で淡白な鶏むね肉や白身魚などは、ソースやつけ合わせにボリューム感を出すと、バランスがよくなります。例えば、濃厚なクリームソースやバターをたっぷり使ったソースなど。油や旨みをよく吸うブロッコリーを食感を残すように大きめに切り、ソースに利用すると満足感がアップします。

ビーフステーキ（作り方 P86）

チキンステーキ マッシュルームソース（作り方P87）

ポークステーキ きゅうりと梅しそのソース（作り方P87）

PLAT 肉・魚をおいしく

最速で完璧に焼き上げる
ビーフステーキ

肉の中にはほどよく火が入り、外側はちょっとカリッとしている。
牛肉はそうしたコントラストがあるほうがおいしく感じます。
2回に分けて火を入れるのが成功の秘訣。最初は焼き色をつけません。

材料　2人分

牛ステーキ用肉（1.5cm厚さ）…2枚
塩…4つまみ
黒こしょう…2つまみ
粗塩・黒こしょう…各適量
EVオリーブオイル…適量
クレソン（ベビーリーフでも）…適量
粒マスタード…適量

作り方

1. 牛肉の脂身をはずし、細かく切る。フライパンに入れて弱火で焦がさないように焼き、脂を出す **a**。
2. 牛肉の両面を中火で30秒ずつ焼く **b**。バットに取り出し、5分ほど休ませる。
3. 肉の水分をよく拭き取り、両面を焼く **c**。両面に塩ひとつまみずつ、片面に黒こしょうひとつまみをふる。
4. 器に盛り、粗塩、黒こしょうをふり、オリーブオイルをひと回しかける。クレソン、粒マスタードを添える。

POINT DE CUISINE

a
脂身で肉を焼くと
より香ばしく

牛肉や豚肉の脂身には旨みや甘みがあるので、ステーキを焼くときには、肉についている脂身を使う。

b
1回目は焼き色を
つけない

1回目の焼きは肉汁をステーキに閉じ込めるためなので、焼き色はつけない。さっと焼き、休ませて余熱で火を通す。

c
2回目はカリッと
焼き色をつける

水分を丁寧に拭き取ると、焼き色がきれいにつく。2回目は片面を中火でカリッと焼き切るようにする。裏は温める程度にさっと焼く。

皮からではなく、身から焼き始める
チキンステーキ マッシュルームソース
皮はパリパリ、身はふっくら仕上がる焼き方です。

材料　2人分

鶏もも肉 … 2枚
塩 … 4つまみ
EVオリーブオイル … 大さじ1

ソース

ブラウンマッシュルーム（薄切り） … 10個分
玉ねぎ（みじん切り） … 40g
白ワイン … 100㎖
イタリアンパセリ（みじん切り） … 適宜
バター … 20g
粗塩・黒こしょう … 各適量

作り方

1. 鶏肉の両面に塩をひとつまみずつふり、5分ほどなじませる。出た水分を軽く拭き取る。

2. フライパンにオリーブオイルを中火で熱し、鶏肉を身側から焼く **a**。2割ほど焼け、皮が張ったら裏返す。皮面が少し香ばしく焼けたら **b**、再び身側を焼く。両面を3回ずつ焼いたら取り出す。

3. ソースを作る。同じフライパンでマッシュルーム、玉ねぎを炒める。白ワイン、好みでパセリを加え、仕上げにバターを加えて乳化させる。器に広げ、**2** をのせ、粗塩、黒こしょうをふる。

POINT DE CUISINE

a 身側から焼いて皮を張らせる

皮を上にして身側から焼くことで皮が張る。出てきた水分を拭き取ると、裏返したときに皮がムラなく焼ける。

b 皮全体をパリパリに仕上げる

トングで身を挟んで寄せるように焼くと、皮が伸びて全体に火が入り、パリッとムラなく焼ける。

脂を焼き切るようにするとおいしい
ポークステーキ きゅうりと梅しそのソース
豚肉は脂を攻略するのがおいしく仕上げるポイント。あっさりしたソースが合います。

材料　2人分

豚ロース厚切り肉 … 2枚
塩 … 4つまみ
黒こしょう … 2つまみ

ソース

きゅうり … 1本
梅干し … 1個
青じそ … 3枚
EVオリーブオイル … 適量

作り方

1. 豚肉の赤身と脂身の境目の筋に切り込みを入れる。

2. フライパンを中火で熱し、豚肉を脂身側を下にして入れる。しっかり焼いて脂を出す **a**。肉の両面もさっと焼く。バットに取り出し、5分ほど休ませる。

3. 肉の水分をよく拭き取り、もう一度両面をこんがりと焼く。両面に塩ひとつまみずつ、片面に黒こしょうひとつまみをふり、器に盛る。

4. ソースを作る。きゅうりをすりおろし、たたいた梅干しとみじん切りの青じそを混ぜ、**3** に添える。ソースの近くにオリーブオイルをひと回しかける。

POINT DE CUISINE

a 脂身を焼き切る感覚で調理する

豚ロース肉は脂身を焼き切るようにすると、おいしく仕上がる。しっかり出した脂で肉を焼くと、焼き色も脂身の旨みもつきやすくなる。

片栗粉をまぶすひと手間でプロの味

鶏むね肉のステーキ ブロッコリーのソース

鶏むね肉は淡白な味わいなので、ボリュームのあるソースが合います。
ブロッコリーは油をよく吸うので、噛んだときにおいしさが広がるよう、形を残しました。
片栗粉で衣を作るとふっくら、ソースがよくからみます。

材料　2人分

鶏むね肉 … 2枚
塩 … 4つまみ
片栗粉 … 適量
植物油 … 大さじ1
EXオリーブオイル … 適量

ソース
ブロッコリー … 1個
EVオリーブオイル … 大さじ4
にんにく（みじん切り）… 2かけ分
赤唐辛子（半分に割る）… 1本分
アンチョビ（たたく）… 2枚
白ワイン … 30mℓ
水 … 150mℓ

作り方

1 鶏肉は皮をはずし、観音開きにする a 。塩を両面にひとつまみずつふり、片栗粉を全面に薄くまぶす b 。ブロッコリーは一口大に切る。

2 フライパンに植物油を熱し、鶏肉の両面を香ばしく焼く。バットに取り出し、5分以上休ませる。

3 ソースを作る。小鍋にオリーブオイル、にんにく、赤唐辛子、アンチョビを入れて弱火で炒め、香りと辛みを引き出す。ブロッコリー、白ワイン、水を加える。蓋をしてブロッコリーがやわらかくなるまで15分ほど蒸し煮にする。

4 食べる直前に、フライパンで**2**の両面をもう一度香ばしく焼き、器に盛る。**3**をかけ、オリーブオイルをひと回しかける。好みでレモン（分量外）を搾ると、よりおいしい。

POINT DE CUISINE

a
**観音開きにして
火を通りやすく**

鶏肉を切り離さないように包丁を斜めに入れ、開いて肉の厚みを薄くする。最小限の加熱で火を通し、肉がかたくなるのを防ぐ。

b
**片栗粉の衣で
旨みを吸収する**

片栗粉を薄くまぶして衣を作ることで、肉の周りに膜ができる。ソースがよくからみ、濃厚な味わいになる。

PLAT 肉・魚をおいしく

89

みじん切りの牛肉で圧倒的に肉々しい
ステックアッシェ ポムピュレ

ステックアッシェは、直訳すると「みじん切りのステーキ」。
見た目はハンバーグだけど、このレシピのように自分で切った肉を入れると、
オリジナルの、自分好みの食感や味に仕上げることができます。

材料　2人分

牛ステーキ用肉 … 150g
豚ひき肉 … 200g
塩 … 2つまみ
黒こしょう … 適量
　（多めがおすすめ）
A｜玉ねぎ（みじん切り） … 10g
　｜溶き卵 … 1個分
　｜パン粉 … 10g
にんにく（つぶす） … 1かけ分
植物油 … 小さじ1

ソース
｜赤ワイン … 100g
｜みりん … 60g
｜しょうゆ … 30g
｜バター … 20g

ポムピュレ
｜じゃがいも（メークイン）
　　 … 2/3個（100g）
｜バター … 30g
｜牛乳 … 50mℓ

下準備
・オーブンは200℃に予熱する。

作り方

1 ポムピュレを作る。じゃがいもは1cm厚さの輪切りにする。塩分濃度1%の湯を沸かしてやわらかくゆでる。水けをきり、つぶしながらバターを混ぜ込む。牛乳を加えて濃度をととのえる。

2 ステックアッシェを作る。牛肉は脂身をみじん切り、赤身を粗みじん切りにし a 、豚ひき肉、塩、黒こしょうをよく混ぜる b 。Aを加えて均一に混ぜ、2等分する。空気を抜きながら小判形に成形する。

3 フライパンに植物油を熱し、2の表面を焼き色がつくまで焼く。裏返してにんにくを加え、蓋をしてごく弱火で2分蒸し焼きにする。耐熱皿にのせ、200℃のオーブンまたはオーブントースターで3分焼く c 。

4 3のフライパンにソースの材料を入れて軽く煮詰める。とろみが出たら器に広げ、1、3の順にのせる。

POINT DE CUISINE

a
みじん切りの肉で
噛みごたえを出す

みじん切りにした牛肉を混ぜることで、口に入れたときに、食感と肉汁があふれ、肉の存在感が際立つ。

b
つなぎを入れる前に
肉と塩をよく練る

肉と塩をよく練っておくと、肉と肉がくっつきやすくなる。手のひらのつけ根に体重をかけてしっかり練る。黒こしょうもここで加えておく。

c
ハンバーグ自身の
水分で蒸す

水を足すのではなく、ハンバーグから出る水分で蒸し焼きにする。最後はオーブンで全体から火を入れ、厚みのあるハンバーグに火を通す。

ムース状のバターでふんわり焼く
サーモンムニエル レモンバターソース

焼くときにバターを焦がしてジャージャーと音を立ててしまいがちだけど、
本当においしいムニエルは、音はしない。ムース状のバターを回しかけて焼くうちに、
ソースに魚の旨みが混ざり、それを全面にかけるから、すごくおいしくなる。
レモンのような酸味をソースに溶かし込むと、より爽やかに仕上がります。

材料　2人分

- サーモン … 2切れ（100g×2）
- 塩 … 4つまみ
- 薄力粉 … 適量
- 植物油 … 大さじ1
- バター … 60g

ソース

- レモン（輪切り）… 6枚
- ミニトマト（半分に切る）… 6個分
- A
  - ケッパー … 20粒
  - 白ワイン … 40ml
  - イタリアンパセリ（みじん切り）… 5g

作り方

1. サーモンは皮をはずす。塩を両面にひとつまみずつふり、薄力粉を全体に薄くまぶす。
2. フライパンに植物油を熱し、1を両面こんがりと焼き、出た脂を拭き取る **a**。バターを加え、弱〜中火で焦がさないように、ムース状を維持してサーモンに回しかける **b**。火が通ったら、器に盛る。
3. 2のフライパンにレモンとミニトマトを入れ、バターを吸わせるように弱火で炒める。Aを加えてひと煮立ちさせ、2にかける。

POINT DE CUISINE

a
脂をしっかり拭き取り、雑味や魚臭さを除く

サーモンの皮は脂が多いのではずし、焼いたときに出る脂も拭き取る。こうすることで雑味や魚臭さを取り除ける。

b
ムース状のバターで旨みをまとわせる

ムース状を維持（泡がなくならないように）しながらサーモンに回しかける。サーモンから出た旨みとバターが混ざり合ったムースをかけ、旨みをサーモンにまとわせる。

PLAT 肉・魚をおいしく

93

皮はしっかり、身は余熱で焼く
真鯛のポワレ デュグレレソース

断言しますが、99％の人がポワレを作るときに火を入れすぎです。
魚は肉よりも、余熱で火が通りやすい。皮さえ焼ければ、8割がた火が通った状態で、
身はさっと、余熱で火を通すくらいの感覚で料理をすると上手くいきます。
ソースは真鯛のポワレだけでなく、鶏肉や豚肉など、何にかけてもおいしいです。

材料　2人分

真鯛 … 2切れ（100g×2）
塩 … 4つまみ
EVオリーブオイル … 大さじ1

ソース

A
- 玉ねぎ（みじん切り）… 10g
- ブラウンマッシュルーム（薄切り）… 2個分
- 白ワイン … 60mℓ

バター … 10g
ミニトマト（5mm角に切る）… 2個分
イタリアンパセリ（みじん切り）… 適宜

作り方

1. 真鯛は塩を両面にひとつまみずつふる。
2. フライパンにオリーブオイルを強めの中火で熱し、真鯛を皮側から香ばしく焼く **a**。裏返し、身側は5秒焼き、火を止めて余熱で火を通す **b**。器に盛る。
3. 2のフライパンにAを入れ、弱火で煮詰める。バターを加え、よく混ぜて乳化させる。ミニトマト、好みでイタリアンパセリを加え、2にかける。

POINT DE CUISINE

a 身を寄せて焼き、皮をパリッと

トングなどで挟んで身を寄せながら焼くと、皮が伸びて火が全体に均一に入り、パリッと仕上がる。

b 身側を焼くのは5秒。余熱で火を通す

火を止めてから器に盛りつけるまでフライパンの上におき、余熱で火を通すくらいでよい。

素材本来の繊細な味を感じられる
鶏肉の白ワイン煮込み

「素材が持つ味わいを生かすとおいしい」、そう思わせてくれる料理です。
適量の白ワインに加えて水も使いながら、
鶏肉、野菜ときのこで味のバランスをととのえます。
マスタードやローズマリーが複雑な味わいに仕上げてくれます。

材料 2人分

- 鶏もも肉…大1枚
- 塩…2つまみ
- 黒こしょう…適量
- 薄力粉…適量
- 玉ねぎ…2/3個（100g）
- ブラウンマッシュルーム…6個
- ミニトマト…6個
- にんにく（粗みじん切り）…1かけ分
- A
  - 白ワイン…200㎖
  - マスタード…20g
  - ローズマリー…適量
  - 水…150㎖
- EVオリーブオイル…小さじ1

作り方

1. 玉ねぎは薄切りにする。マッシュルームは半分〜4等分に切り、ミニトマトは半分に切る。
2. 鶏肉は水けを拭き取る。焼く直前に両面に塩をひとつまみずつ、黒こしょう少々をふり、3等分に切って薄力粉を薄くまぶす。
3. フライパンにオリーブオイルを中火で熱し、鶏肉を身側から焼き、皮が張ったら裏返す **a**。身を寄せながら皮に少し焦げ目がつくくらい焼き、裏返す。
4. 1とにんにくを加えてさっと炒め、Aを上から順に加え **b**、10分ほど煮込む。

POINT DE CUISINE

a
身から焼き始め、次に皮を焼く

身側から焼き始め、皮が張ったら裏返す。皮を焼くときは、トングで身を挟んで寄せるように焼くと、皮が伸びてパリッと仕上がる。皮に少し焦げ目がつくまで焼く。ソースの旨みのベースとなる。

b
鶏肉の粉でソースにとろみづけ

鶏肉につけた薄力粉やAのマスタードでソースに自然なとろみがつく。白ワインの旨みや酸味、ローズマリーの香りで、複雑で深みのあるソースになる。

PLAT 肉・魚をおいしく

番外

フレンチシェフが作る抜群においしい
パスタ、ごはん

フランス料理のソースをからめて食べるような
白いボロネーゼ

Instagramのライブでとても人気があり、たくさんの人が作ってくれたレシピです。
ごく普通の材料ですが、レモンの皮や白ワインで酸味をちょっときかせたり、
仕上げに少量のバターを加えることで味が格上げされます。
「バターは入れずにヘルシーにしたい」なんて言わないで、ぜひ入れてみてください。

材料　2人分

- スパゲッティ … 200g
- 豚ひき肉 … 100g
- 玉ねぎ … 1/4個 (50g)
- ミニトマト … 6個
- ブラウンマッシュルーム … 5個
- にんにく … 1かけ
- 塩 … 2つまみ
- 白ワイン … 100ml
- レモンの皮 (できれば国産・無農薬／せん切り) … 1/6個分
- バター … 20g
- EVオリーブオイル … 大さじ1
- イタリアンパセリ (みじん切り) … 適宜

作り方

1. 鍋に塩分濃度1%の湯を沸かし、スパゲッティを袋の表示通りにゆでる。

2. にんにくは包丁の腹でつぶし、芯ごと粗みじん切りにする。玉ねぎは1cm幅の乱切りにする (P16参照)。マッシュルーム、ミニトマトは4等分に切る。

3. フライパンにオリーブオイル、にんにくを入れて弱火にかける。香りが立ったらひき肉を加え、塩ひとつまみをふり、中火で炒める。ひき肉の色が変わったら玉ねぎ、マッシュルーム、ミニトマトを加え、塩ひとつまみをふり、中火で炒める。

4. しんなりしたら白ワインを加え、蓋をして弱火で1分ほど蒸し焼きにする a 。全体に火が通ったらレモンの皮を加え、中火にする。

5. 湯をきった1を加えて混ぜる。バターを加えて弱火で全体がなじむように混ぜる b 。スパゲッティがかたい場合は、ゆで汁で調整して火から下ろす。器に盛り、好みでイタリアンパセリをふると、よりおいしい。

POINT DE CUISINE

a
白ワインで蒸し、旨みを引き出す

白ワインをたっぷり加えて蒸し焼きにすることで肉や野菜の旨みを一気に引き出す。

b
仕上げのバターでソースがまとまる

仕上げに少量のバターを入れて混ぜ合わせ、水分と油分を乳化させる。

引き算に引き算を重ねた
明太子スパゲッティ

一見、ずぼら飯に見えるけど、このレシピなら明太子はパサパサになりません。
バターは温めた器にのせれば、混ぜるときにちょうどよい具合に溶けます。
食べるときに、明太子やバターがからんだり、からまなかったりするくらいがおいしいです。
すべてが混ざり合って隙がないと、重たく感じてしまいます。

材料	1人分

スパゲッティ … 100g
明太子 … 1本
バター（小さく切る）… 30g

作り方

1. 鍋に塩分濃度1%の湯を沸かし、スパゲッティを袋の表示通りにゆでる。
2. 器に湯を張り、温めておく。明太子は皮を取り、スプーンでフットボール形にととのえる。
3. **2**の器の湯を捨ててバターをのせ、**1**、明太子をのせる **a** 。混ぜて食べる。

POINT DE CUISINE

a
バターも明太子も絶妙に仕上がる
温かい器にバターをのせ、その上にパスタをのせることで、バターが溶ける。明太子もパサつかない。

> **材料** 1人分

スパゲッティ…100g
ピーマン…小1個
玉ねぎ…30g
ウインナーソーセージ…30g
塩…ひとつまみ
トマトケチャップ…60g
コンテチーズ（または粉チーズ）…適宜
バター…10g
EVオリーブオイル…小さじ1

> **作り方**

1 鍋に塩分濃度1％の湯を沸かし、スパゲッティを袋の表示よりも1分30秒長くゆでる。ゆで汁大さじ2を取っておく。

2 ピーマンは1cm幅の輪切りにする。玉ねぎは1cm幅の乱切りにする（P16参照）。ソーセージは1cm幅に切る。

3 フライパンにオリーブオイルを熱し、**2**を入れる。塩をふって炒め、玉ねぎがしんなりしたら火を止める。<u>ケチャップを加えて全体を混ぜる</u> **a** 。**1**のスパゲッティとゆで汁を加え、好みでコンテチーズをすりおろし、濃度をととのえる。バターを加えて全体をなじませる。

仕上げの水分調整が最重要
ナポリタン

料理の最後、ちょっとパサついてそうだなと思ったら、勇気をふり絞って水分を足してください。
ゆで汁がなかったら水でもいいです。
ナポリタンはもちもちの麺が真骨頂。あえてちょっと長めにゆでます。

POINT DE CUISINE

a
火を止めてから
ケチャップを加える
乾いて焦げつかないようにするため。しっかりなじませ、しっとり、つやつやに仕上げる。

きのこと玉ねぎが、米をもっと甘くする
きのこリゾット

マッシュルームと玉ねぎのだしが染み込んだ、お米がおいしいリゾット。
そこを目指して作ってほしいです。
ご家庭によってフライパンや鍋の大きさが違うので、
お米がかたいと思ったら水分を足したり、もう少し火を入れたりして調整してみてください。

材料　2人分

米 … 1合（150g）
ブラウンマッシュルーム … 100g
玉ねぎ（粗みじん切り）… 20g
白ワイン … 30ml
水 … 150ml
コンテチーズ … 適量
黒こしょう … 適量
バター … 30g
EVオリーブオイル … 適量
イタリアンパセリ（みじん切り）… 適宜

作り方

1. マッシュルームは薄切りにする。
2. フライパンにバターを熱し、溶けてきたらマッシュルーム、玉ねぎを加えて炒める。しんなりしたら、米を洗わないで加え、炒める a 。
3. 油が全体に回り、米が透き通ってきたら、白ワイン、水を加え、弱火でなじませる b 。煮立ったら、ごく弱火にして蓋をし、13分加熱する。仕上げにコンテチーズをすりおろし、黒こしょうをふる。米がつやつやになるように、最後に水分量をととのえる（米がかたいようであれば水を加えて加熱し、水分が多ければ加熱して飛ばす）。
4. 器に盛り、オリーブオイルをひと回しかける。好みでイタリアンパセリをふると、よりおいしい。

POINT DE CUISINE

a
炊く前に米に旨みを吸わせる
米が透き通ってきたら、少し火が通り、玉ねぎやマッシュルームの旨みを吸った合図。

b
白ワインを加えて味に深みを出す
しっかり煮立たせてから蓋をし、ごく弱火で火を入れる。

魚介だしにトマトの酸味を バリッときかせた
シーフードカレー

だしが出やすいえびと貝は入れたほうがいいけれど、好みでほかのいろいろな魚介を入れてもおいしい。なるべく生の魚介を使うのがポイントです。

| 材料 | 2人分 |

- 赤えび … 4尾
- はまぐり（砂抜き済み）… 4個
- しめじ … 1袋（100g）
- えのきたけ … 1/2袋（50g）
- エリンギ … 1本（50g）
- ミニトマト … 8個
- にんにく（みじん切り）… 1かけ分
- 赤唐辛子（半分に割る）… 1本分
- 塩 … ひとつまみ
- 白ワイン … 100㎖
- カレー粉 … 10g
- バター … 40g
- EVオリーブオイル … 小さじ1
- ごはん … 2人分
- イタリアンパセリ（みじん切り）… 適宜

作り方

1. 赤えびは頭をはずし、身の殻と尾、背ワタを取り除く。しめじ、えのきたけは石づきを落としてほぐす。エリンギは手で裂く。ミニトマトは4等分に切る。

2. フライパンにオリーブオイル、にんにく、赤唐辛子を熱し、にんにくの香りが立ったら、赤えびの頭を加える。裏返しながら焼き、赤えびの香ばしい香りが立ったら、はまぐりを加えて油をなじませる a 。ミニトマトを加えて強火にし、全体をなじませる。

3. 1のきのこ、塩を加えて混ぜ、白ワインを加える。煮立ったら蓋をし、中火で1分ほど加熱する。はまぐりの口が開いたら蓋を取り、赤えびの頭を取り出す。赤えびの身を加えてさっと炒め合わせ、カレー粉を加えて混ぜ合わせる。

4. 赤えびに火が通り、全体に味がなじんだらバターを入れて火を止める。とろみがつくまで混ぜ合わせる。器にごはんとともに盛り、赤えびの頭を飾る。好みでイタリアンパセリをふると、よりおいしい。

えびの頭と貝のだしで濃厚な味に

えびの頭は身より味が濃い。炒めて香ばしい香りを引き出す。はまぐりも一緒に煮込むことで、濃厚だしになる。

POINT DE CUISINE

いいお肉ちょっとだけで贅沢を味わえる
すき焼き丼

コンパクトにすき焼きを食べたいと思ったときはこのレシピ。
春菊、長ねぎ、しいたけは、できれば3つとも入れてほしい。
旨みや香りが染みた、抜群のすき焼きのタレになります。

a 先に牛肉に火を入れておく

牛肉はさっと火を通して旨みを煮汁に移したら一度取り出す。ほかの具材を煮込んでいる間に牛肉に火が通りすぎてかたくなるのを防げる。

材料　1人分

牛すき焼き用肉 … 50g
卵 … 2個
春菊 … 1株（20g）
長ねぎ … 1/10本（15g）
しいたけ … 1個
A | しょうゆ・みりん・酒 … 各大さじ1
ごはん … 1人分

作り方

1. 春菊は、中心のやわらかい葉の部分を手でちぎり、飾り用に取り分ける。残りは2cm長さに切る。長ねぎは薄い斜め切りにする。しいたけは石づきを切り落とし、そぎ切りにする。

2. 卵は、卵黄1個をトッピング用に取り分ける。残りはボウルに入れて溶きほぐし、卵液を作る。

3. フライパンにA、しいたけを入れて中火にかけ、煮立ったら弱火にし、牛肉を加える。牛肉に火が通ったらバットに取り出す **a**。

4. 中火にして春菊、長ねぎを加え、長ねぎに火が通り、煮汁が軽く煮詰まったら2の卵液を回し入れる。中火のままフライパンを軽くゆすり、卵が半熟状になったら火を止め、牛肉を戻し入れる。

5. 器にごはん、4を盛りつけ、卵黄、春菊の葉をのせる。

さっと炒めただけなのに、煮込んだようにとろとろ
魯肉飯（ルーローハン）

魯肉飯って、やっぱり煮込んだ豚肉がとろとろなのがおいしい。
でも、作るとなると2、3時間くらいかかっちゃうので、
このレシピは、とろとろの食感をなすで表現しました。
豚肉に粉をふって炒めることで、とろみをつけています。

材料　2人分

- 豚ロース肉 … 200g
- 片栗粉 … 適量
- なす … 1本
- しめじ … 1袋（80g）
- 長ねぎ … 1/2本（50g）
- 植物油 … 小さじ2

タレ
- A
  - しょうが（粗みじん切り）… 15g
  - 八角 … 1個（または五香粉ひとふり）
  - 赤唐辛子（半分に割る）… 1本分
- B
  - 紹興酒 … 70g
  - しょうゆ … 30g
  - みりん … 70g

- ごはん … 2人分
- たくあん（市販）… 適宜

作り方

1. 豚肉は脂身と赤身を切り分け、脂身は粗みじん切りにする。赤身は一口大に切り、ボウルに入れて片栗粉を薄くまぶす。なすは皮をむき、1cm厚さのいちょう切りにする。しめじは石づきを落とし、ほぐして2〜3cm長さに切る。長ねぎは縦4等分に切り、1cm幅に切る。

2. タレを作る。鍋に豚肉の脂身を熱し、焼き色がついて脂が出たらAを加え、弱火で炒める。全体がなじんだらBを加える。ひと煮立ちしたら1分ほど加熱し、火から下ろす。

3. フライパンに植物油小さじ1を熱し、豚肉の赤身を焼く。焼き色がついたら裏返し、植物油小さじ1、なすを加えて炒める。全体に油が回ったら、しめじ、長ねぎを加えて炒める。全体に焼き色がつき、豚肉に火が通ったら2を加え、味をなじませる a 。

4. 器にごはんを盛って3をのせ、好みでたくあんを添えると、よりおいしい。

POINT DE CUISINE

a
煮込まなくても煮込んだような味に

脂で炒めたしょうが、八角、赤唐辛子を合わせることで、煮込まなくても煮込んだような深い味わいになる。

| コラム
| ちょっとだけ
| 残った食材で
| **3**

鶏皮が
ちょっとだけある

　鶏の皮っていうと、結構ネガティブな印象かもしれません。脂が多いとか、くにゅくにゅしてるとか。バリバリに焼かないと、おいしくないとか。でも、実はすごくおいしい。ゆでるだけでいいだしがとれて、しょうがと塩を入れたら中華スープが完成します。だしをとったあとの皮もおいしくて、ちょっと強めのタレをからめて、きゅうりとか、ねぎでアクセントをつけるといいですよ。

　普段、鶏皮は捨てちゃう人もいるかもしれませんが、鶏肉の身しか使わないときこそ、皮で何か作ってみてほしいです。鶏肉1枚の皮が「ちょっとだけある」っていうのは、結構あるある。肉で1品だけでなく、皮で2品作り、3品仕立てにすると、満足度が違います。皮まで愛してほしいなって思っています。

鶏皮の中華和えと
あっさりチキンスープ

材料と作り方

1 鍋に鶏皮1枚としょうが（せん切り）5g、水250mlを入れる。火にかけ、5分ほどゆでる。皮は取り出す。

2 皮はせん切りにし、ラー油小さじ1/3、しょうゆ・酢各小さじ1、白ごまひとつまみを和え、きゅうり（細切り）1/2本分とともに器に盛る。

3 1のゆで汁に塩適量、しょうゆ少々を加える。

おわりに

このたびは、『フレンチシェフの引き算レシピ』を手に取ってくださり、ありがとうございます。この本では、素材本来の味を生かし、手を加えすぎない「引き算」をコンセプトに、家でもおいしく作れるレシピを中心に紹介しました。実際に作ってみて、フランス料理が手軽に作れることに驚いた人もいるのではないでしょうか。

僕自身はレストランのシェフなので、普段はスタッフにも理論立てて説明していますが、実は料理って、もっと自由でいいと思っています。大切なのは、世の中で正しいとされている調理法は本当に正しいのかを自分で考えたり、調べたりして、試してみること。そうすることで、料理の本質に気づけたり、その調理法である理由がわかったりします。必ずしも正解はひとつじゃない。地域性があったり、人それぞれのストライクゾーンがあったり、ど真ん中を狙うのか、変化球を狙うのか、いろいろな楽しみ方があると思っています。

例えば、ポトフ。本来は長時間かけてブイヨンを作る工程があるけれど、鶏手羽先やベーコンを利用して最速でだしをとってみる。今までの常識であれば、タブーだったかもしれない。でも、食材に優劣はないと思うし、安い食材や既製品を使うのはダメだとか、化学調味料は絶対に使っちゃいけないとか、頭ごなしに否定しなくてもいいと思っています。なんでも受け入れてみることが意外と面白かったりするのです。自由に考えることによって、料理の幅が広がったり、時間のかかるものがあっという間に作れたり、新しい発見につながる。自由な発想を持ちながら、素材の声を聞いて作ると、おいしい料理が作れるんじゃないかと思っています。

ぜひ、この本のレシピで、ご自分の料理を心ゆくまで楽しんでいただけたらと思います。

LA BONNE TABLE　中村和成

中村和成　なかむら・かずなり

大学卒業後、調理師専門学校に入学し、フランス料理の道へ。「シェ松尾」などで腕を磨き、西麻布の「サイタブリア」へ。同店が「レフェルヴェソンス」としてリニューアル。2012年、スーシェフに昇格。2014年、「LA BONNE TABLE」のオープンとともにシェフに就任。2023年、「le bistrot des bleus」料理監修。

YouTube　@kazpeanuts
Instagram　@chef_labonnetable
X　@labonnetablekaz

初版購入特典レシピのダウンロードはこちらから

URL：http://my.ebooks5.net/sekaibunka-5115/hikizan-recipe
ユーザ名：hikizan　パスワード：hikizan-tokuten
※2026年3月31日まで公開予定

調理アシスタント
伊藤聖矢、大森圭祐、荻野亮太

Special Thanks
中村亜吏

装丁・本文デザイン
大藪胤美、武田紗和（フレーズ）

撮影
大見謝星斗（世界文化ホールディングス）

撮影アシスタント
樋口諒平（世界文化ホールディングス）

スタイリング
大畑純子

DTP制作
明昌堂

校正
麦秋アートセンター

編集協力
丸山みき、大西綾子、秋武絵美子、永野廣美（SORA企画）

編集部
吉村文香

協力
UTUWA

フレンチシェフの引き算レシピ
時間・材料・手間、省くからおいしい60品

発行日　2025年4月30日　初版第1刷発行

著者　　中村和成
発行者　千葉由希子
発行　　株式会社世界文化社
　　　　〒102-8187
　　　　東京都千代田区九段北4-2-29
　　　　電話／03-3262-5118（編集部）
　　　　　　　03-3262-5115（販売部）
印刷・製本　株式会社リーブルテック

©Kazunari Nakamura, 2025. Printed in Japan
ISBN978-4-418-25307-4

落丁・乱丁のある場合はお取り替えいたします。
定価はカバーに表示してあります。
無断転載・複写（コピー、スキャン、デジタル化等）を禁じます。
本書を代行業者等の第三者に依頼して複製する行為は、たとえ個人や家庭内での利用であっても認められていません。

本書の内容に関するお問い合わせは、
以下の問い合わせフォームにお寄せください。
https://x.gd/ydsUz

第1章レシピ調理動画の二次元コードのリンク先にかかわる各社サービスが終了するなどした場合、利用できなくなることがあります。
図書館から貸出した際も、リンク先のコンテンツをご利用いただけます。